U0494706

一念放下 万般自在

李叔同说佛

李叔同——著

开明出版社

图书在版编目（CIP）数据

一念放下 万般自在：李叔同说佛 / 李叔同著 . 北京：开明出版社，2024. 7. -- ISBN 978-7-5131-9149-4

Ⅰ . B948-53

中国国家版本馆 CIP 数据核字第 20247RH781 号

责任编辑：卓　玥

书　名：一念放下 万般自在：李叔同说佛
出版人：陈滨滨
著　者：李叔同
出版社：开明出版社（北京市海淀区西三环北路 25 号青政大厦 6 层）
印　刷：保定市中画美凯印刷有限公司
开　本：710mm × 1000mm　1/16
印　张：13.5
字　数：110 千字
版　次：2024 年 7 月 第 1 版
印　次：2024 年 7 月 第 1 次印刷
定　价：56.00 元

印刷、装订质量问题，出版社负责调换。联系电话：（010）88817647

>>弘一法师像

弘一法师（1880–1942），俗名李叔同，又名李息霜、李岸、李良。祖籍浙江，客居天津。他是中国近现代文化史上一位不可多得的艺术全才，在书画、诗文、戏剧、音乐、艺术、金石、教育等各个领域都有极深的造诣。1918 年他在杭州虎跑寺出家，从此精修佛教律宗，成为中国近代佛教史上最杰出的一位高僧。

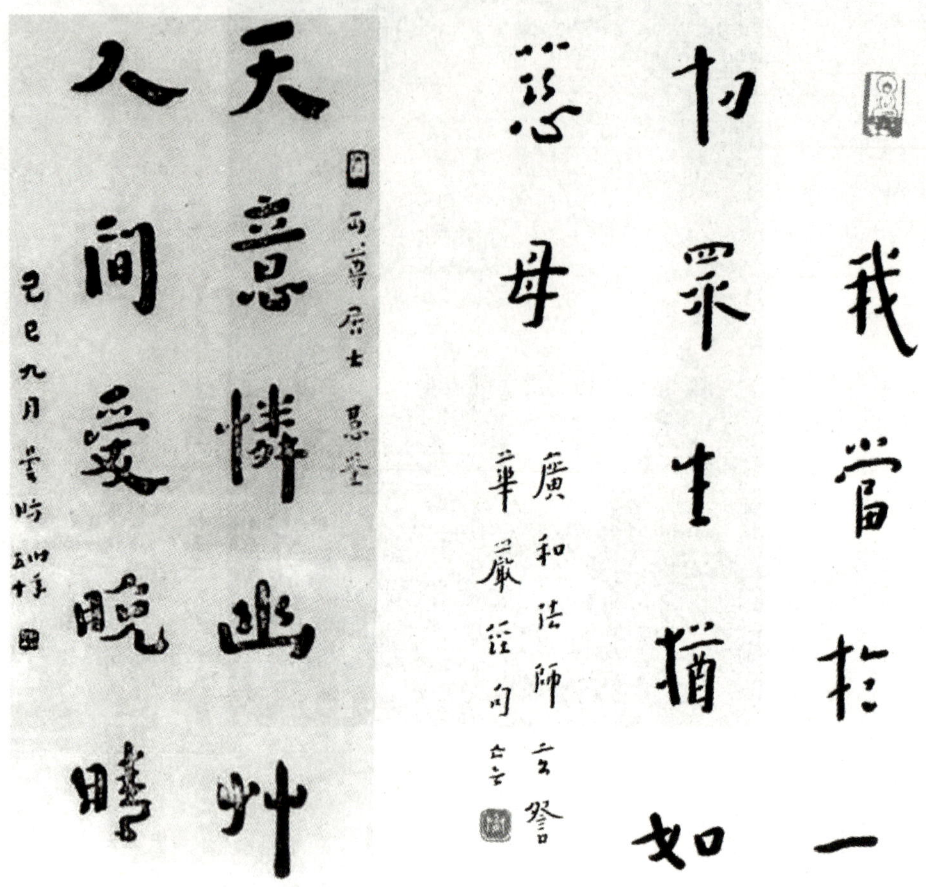

>>弘一法师书法

“二十文章惊海内”的弘一法师，集诗、词、书画、篆刻、音乐、戏剧、文学造诣于一身，在诸多领域开中华灿烂文化艺术之先河。他把中国古代的书法艺术推向了极致，他的字“朴拙圆满，浑若天成”，鲁迅、郭沫若等现代文化名人都以得到大师的一幅字为无上荣耀。

>> 李叔同与弟子合影

1924 年摄于衢州祥符寺

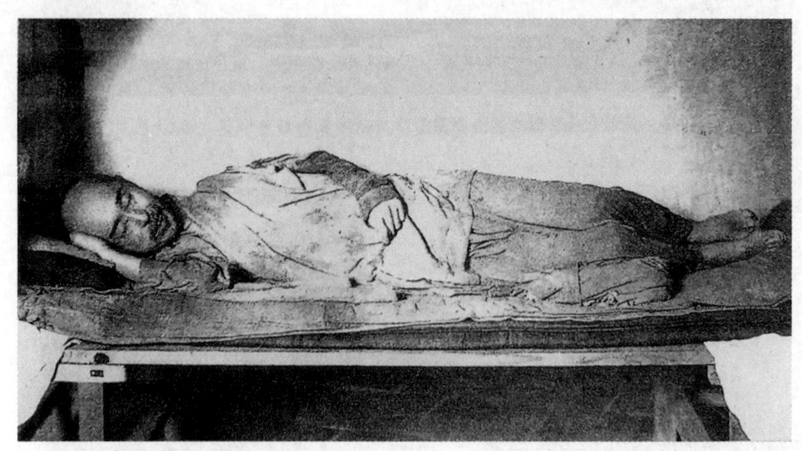

1942 年 10 月 13 日，弘一法师圆寂于福建泉州温陵养老院晚晴室。“悲欣交集”是法师圆寂时留给世人的绝笔。

目录

第一章 一念花开，一念落花

第二章　日拱一卒，笃行不怠

第三章　野性为客，禅心是家

第四章 明镜澄心，人间晚晴

目录

附录

第一章　一念花开，一念花落

我的父亲母亲

在清朝光绪年间，天津河东有一个地藏庵，庵前有一户人家。这是一座四进四出的进士宅邸，它的主人是一位官商，名字叫李世珍。曾是同治年间的进士，官任吏部主事，也因此使李家在当地的声名更加显赫了。但是，他为官不久，便辞官返乡了，开始经商。在晚年的时候，他虔诚拜佛，为人宽厚，乐善好施，被人称为“李善人”。而这就是我的父亲。

我是光绪六年，在这个平和良善的家庭中出生的。生我时，我的母亲只有二十岁，而我父亲已近六十八岁了。这是因为我是父亲的小妾生的，也正是如此，虽然父亲很疼爱我，但在那时的官宦人家，妾的地位很卑微，我作为庶子，身份也就无法与我的同父异母的哥哥相比。从小就感受到这种不公平的待遇给我带来长久的压抑感，然而只能是忍受着，也许这就为我日后出家埋下了伏笔。

在我五岁那年，父亲因病去世了。没有了父亲的庇护和依靠，我与母亲的处境很是困难，看着母亲一天到晚低眉顺眼、谨小慎微地度日，我的内心感到很难受，也使我产生了自卑的倾向。我养成了沉默寡言的内向性格，终日里与书做伴，与画为伍。只有在书画的世界里，我才能找到快乐和自由！

听我母亲后来跟我讲：在我降生的时候，有一只喜鹊叼着一根松枝放在了产房的窗上，所有人都认为这是佛赐祥瑞。而我后来也一直将这根松枝带在身边，并时常对着它祈祷。由于我的父亲对佛教的诚信，使我在很小的时候，就会有机会接触到佛教经典，受到佛法的熏陶。我小时候刚开始识字，就是跟着我的大娘，也就是我父亲的妻子，学习念诵《大悲咒》和《往生咒》。而我的嫂子也经常教我背诵《心经》和《金刚经》等。虽然那时我根本就不明白这些佛经的含义，也无从知晓它们的教理，但是我很喜欢念经时那种空灵的感受。也只有在这时我能感受到平等和安详！而我想这也许成为我今后出家的引路标。

我小时候，大约是六七岁的样子，就跟着我的哥哥文熙开始读书识字，并学习各种接人待物的礼仪，那时我的哥哥已经二十岁了。由于我们家是书香门第，又是当地数一数二的官商世家，所以一直就沿袭着严格的教育理念。因此，我哥

哥对我方方面面的功课都督教得异常严格，稍有错误必加以严惩。我自小就在这样严厉的环境中长大，这使我从小就没有了小孩子应有的天真活泼，也疑我的天性遭到了压抑而导致有些扭曲。但是有一点不得不承认，那就是这种严格施教，对于我后来所养成的严谨认真的学习习惯和生活作风是起了决定作用的，而我后来的一切成就几乎都是得益于此，也由此我真心地感激我的哥哥。

当我长到八九岁时，就拜在常云政先生门下，成为他的入室弟子，开始攻读各种经史子集，并开始学习书法、金石等技艺。在我十三岁那年，天津的名士赵幼梅先生和唐静岩先生开始教我填词和书法，使我在诗词书画方面得到了很大的提高，功力也较以前深厚了。为了考取功名，我对八股文下了很大的功夫，也因此得以在天津县学加以训练。在我十六岁的时候，我有了自己的思想，因过去所受的压抑而造成的“反叛”倾向也开始抬头了。我开始对过去刻苦学习是为了报国济世的思想不那么热衷了，却对文艺产生了浓厚的兴趣，尤其是戏曲，也因此成了一个不折不扣的票友。在此期间，我结识过一个叫杨翠喜的人，我经常去听她唱戏，并送她回家，只可惜后来她被官家包养，后来又嫁给一个商人做了妾。

由此后我也有些惆怅，而那时我哥哥已经是天津一位有名的中医大师了，但是有一点我很不喜欢，就是他为人比较势利，攀权附贵，嫌贫爱富。我曾经把我的看法向他说起，他不接受，并指责我有辱祖训，不务正业。无法，我只有与其背道而驰了，从行动上表示我的不满，对贫贱低微的人我礼敬有加，对富贵高傲的人我不理不睬；对小动物我关怀备至，对人我却不冷不热。在别人眼里我成了一个怪人，不可理喻，不过对此我倒是无所谓的。

>> 出家前的李叔同

1899 年摄于上海城南草堂

我的人生兴趣

有人说我在出家前是书法家、画家、音乐家、诗人、戏剧家等，出家后这些造诣更深。其实不是这样的，所有这一切都是我的人生兴趣而已。我认为一个人在他有生之年应多学一些东西，不见得样样精通，如果能做到博学多闻就很好了，也不枉屈自己这一生一世。而我在出家后，拜印光大师为师，所有的精力都致力于佛法的探究上，全身心地去了解“禅”的含义，在这些兴趣上反倒不如以前痴迷了，也就荒疏了不少。然而，每当回忆起那段艺海生涯，总是有说不尽的乐趣！

记得在我十八岁那年，我与茶商之女俞氏结为夫妻。当时哥哥给了我三十万元作贺礼，于是我就买了一架钢琴，开始学习音乐方面的知识，并尝试着作曲。后来我与母亲和妻子搬到了上海法租界，由于上海有我家的产业，我可以以少东家的身份支取相当高的生活费用，也因此得以与上海的名流们交往。当时，上海城南有一个组织叫“城南文社”，每月都有文学比试，我投了三次稿，有幸的是每次都获得第一名，从而与文社的主事许幻园先生成为朋友。他为我们全家在城南草堂打扫了房屋，并让我们移居了过去，在那里，我和他及另外三位文友结为金兰之好，还号称是“天涯五友”。后来我们共同成立了“上海书画公会”，每个星期都出版书画报纸，与那些志同道合的同仁们一起探讨研究书画及诗词歌赋。但是这个公会成立不久就解散了。

由于公会解散，而我的长子在出生后不久就夭折了，不久后我的母亲又过世了，多重不幸给我带来了不小的打击，于是我将母亲的遗体运回天津安葬，并把妻子和孩子一起带回天津，我独自一人前往日本求学。在日本，我就读于日本当时美术界的最高学府——上野美术学校，而我当时的老师亦是日本最有名的画家之一——黑田清辉。当时我除了学习绘画外，还努力学习音乐和作曲。那时我确实是沉浸在艺术的海洋中，那是一种真正的快乐享受。

我从日本回来后，政府的腐败统治导致国衰民困，金融市场更是惨淡，很多钱庄、票号都相继倒闭，我家的大部分财产也因此化为乌有了。我的生活也就不再像

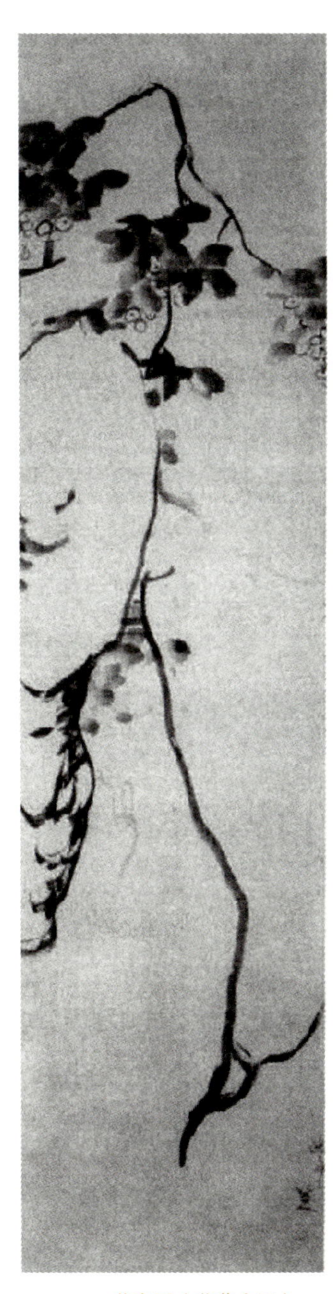

>> 花鸟图（葡萄大石）
八大山人

以前那样无忧无患了，为此我到上海城东女校当老师去了，并且同时任《太平洋报》文艺版的主编。但是没多久报社被查封，我也为此丢掉了工作。大概几个月后我应聘到浙江师范学校担任绘画和音乐教员，那段时间是我在艺术领域里驰骋最潇洒自如的日子，也是我一生最忙碌、最充实的日子。

我在西湖出家的经过

杭州这个地方实堪称佛地，因为寺庙之多约有两千余所，可想见杭州佛法之盛了！

最近《越风》社要出关于《西湖》的增刊，由黄居士来函，要我做一篇《西湖与佛教之因缘》。我觉得这个题目的范围太广泛了，而且又无参考书在手，于短期间内是不能做成的；所以，现在就将我从前在西湖居住时，把那些值得追味的几件事情来说一说，也算是纪念我出家的经过。

我第一次到杭州是光绪二十八年（1902 年）七月（按：本篇所记的年月皆依旧历）。在杭州住了约一个月光景，但是并没有到寺院里去过。只记得有一次到涌金门外去吃过一回茶，同时也就把西湖的风景稍微看了一下。

第二次到杭州是民国元年的七月。这回到杭州倒住得很久，一直住了近十年，可以说是很久的了。我的住处在钱塘门内，离西湖很近，只两里路光景。在钱塘门外，靠西湖边有一所小茶馆

名景春园。我常常一个人出门，独自到景春园的楼上去吃茶。

民国初年，西湖的情形完全与现在两样——那时候还有城墙及很多柳树，都是很好看的。除了春秋两季的香会之外，西湖边的人总是很少；而钱塘门外更是冷静了。

在景春园楼下，有许多的茶客，都是那些摇船抬轿的劳动者居多；而在楼上吃茶的就只有我一个人了。所以，我常常一个人在上面吃茶，同时还凭栏看着西湖的风景。

在茶馆的附近，就是那有名的大寺院——昭庆寺了。我吃茶之后，也常常顺便到那里去看一看。

民国二年夏天，我曾在西湖的广化寺里住了好几天。但是住的地方却不在出家人的范围之内，

>>出家前的李叔同

1912年夏，李叔同应邀赴杭州任教。从此，他一改西服革履的着装，改穿长衫布鞋，过起了朴素清苦的教师生活。当时，夏丏尊、马叙伦、沈尹默、姜丹书等名流也在同一所学校任教。

>>杭州广化寺

是在该寺的旁边，有一所叫作“痘神祠”的楼上。

痘神祠是广化寺专门为着要给那些在家的客人住的。我住在里面的时候，有时也曾到出家人所住的地方去看看，心里却感觉很有意思呢！

记得那时我亦常常坐船到湖心亭去吃茶。

曾有一次，学校里有一位名人来演讲，我和夏丏尊居士却出门躲避，到湖心亭上去吃茶呢！当时夏丏尊对我说：“像我们这种人，出家做和尚倒是很好的。”我听到这句话，就觉得很有意思。这可以说是我后来出家的一个远因了。

到了民国五年的夏天，我因为看到日本杂志中有说及关于断食可以治疗各种疾病，当时我就起了一种好奇心，想来断食一下。因为我那时患有神经衰弱症，若实行断食后，或者可以痊愈亦未可知。要行断食时，须于寒冷的季候方宜。所

以，我便预定十一月来作断食的时间。

至于断食的地点须先考虑一下，似觉总要有个很幽静的地方才好。当时我就和西泠印社的叶品三君来商量，结果他说在西湖附近的虎跑寺可作为断食的地点。我就问他："既要到虎跑寺去，总要有人来介绍才对。究竟要请谁呢？"他说："有一位丁辅之是虎跑的大护法，可以请他去说一说。"于是他便写信请丁辅之代为介绍了。

因为从前的虎跑不像现在这样热闹，而是游客很少，且十分冷静的地方啊。若用来作为我断食的地点，可以说是最相宜的了。

到了十一月，我还不曾亲自到过。于是我便托人到虎跑寺那边去走一趟，看看在哪一间房里住好。回来后，他说在方丈楼下的地方倒很幽静的。因为那边的房子很多，且平常时候都是关着，客人是不能走进去的；而在方丈楼上，则只有一位出家人住着，此外并没有什么人居住。

等到十一月底，我到了虎跑寺，就住在方丈楼下的那间屋子里。我住进去以后，常看见一位出家人在我的窗前经过（即是住在楼上的那一位）。我看到他却十分的欢喜呢！因此，就时常和他谈话；同时，他也拿佛经来给我看。

我以前从五岁时，即时常和出家人见面，时常看见出家人到我的家里念经及拜忏。于十二三岁时，也曾学了放焰口。可是并没有和有道德的出家人住在一起，同时，也不知道寺院中的内容是怎样的，以及出家人的生活又是如何。

这回到虎跑去住，看到他们那种生活，却很欢喜而且羡慕起来了。

我虽然只住了半个多月，但心里却十分愉快，而且对于他们所吃的菜蔬，更是欢喜吃。及回到学校以后，我就请用人依照他们那样的菜煮来吃。

这一次我到虎跑寺去断食，可以说是我出家的近因了。到了民国六年的下半年，我就发心吃素了。

>>未倒前的雷峰塔

雷峰塔位于净慈寺前，为南屏山向北延伸的余脉，濒湖勃然隆起，林木葱郁。其山虽小巧玲珑，名气在湖上却是数一数二，因为山巅曾有吴越时建造的雷峰塔，如今塔倒山虚，连山名也换成了夕照山。

在冬天的时候，即请了许多的经，如《普贤行愿品》《楞严经》及《大乘起信论》等很多的佛经。自己的房里，也供起佛像来，如地藏菩萨、观世音菩萨等的像。于是亦天天烧香了。

到了这一年放年假的时候，我并没有回家去，而到虎跑寺里面去过年。我仍住在方丈楼下。那个时候，则更感觉得有兴味了，于是就发心出家。同时就想拜那位住在方丈楼上的出家人做师父。

他的名字是弘详师。可是他不肯我去拜他，而介绍我拜他的师父。他的师父是在松木场护国寺里居住。于是他就请他的师父回到虎跑寺来，而我也就于民国七年正月十五日受三皈依了。

>>浙江杭州灵隐寺

灵隐寺是杭州规模最大的寺院，一向深得李叔同喜欢。1918年，他在杭州灵隐寺受戒。他说，出家以后，曾到各处的大寺院看过，但是总没有像灵隐寺那么好！

我打算于此年的暑假入山。预先在寺里住一年后再实行出家的。当这个时候，我就做了一件海青，及学习两堂功课。

二月初五日那天，是我母亲的忌日，于是我就先于两天前到虎跑去，诵了三天的《地藏经》，为我的母亲回向。

到了五月底，我就提前先考试。考试之后，即到虎跑寺入山了。到了寺中一日以后，即穿出家人的衣裳，而预备转年再剃度。

及至七月初，夏丏尊居士来。他看到我穿出家人的衣裳但还未出家，他就对我说："既住在寺里面，并且穿了出家人的衣裳，而不出家，那是没有什么意思的。所以还是赶紧剃度好！"

我本来是想转年再出家的，但是承他的劝，于是就赶紧出家了。七月十三日那一天，相传是大势至菩萨的圣诞，所以就在那天落发。

落发以后仍须受戒的，于是由林同庄君介绍，到灵隐寺去受戒了。

灵隐寺是杭州规模最大的寺院，我一向是很欢喜的。我出家以后，曾到各处的大寺院看过，但是总没有像灵隐寺那么好！

八月底，我就到灵隐寺去，寺中的方丈和尚很客气，叫我住在客堂后面芸香阁的楼上。当时是由慧明法师做大师父的。有一天，我在客堂里遇到这位法师了。他看到我时就说："既系来受戒的，为什么不进戒堂呢？虽然你在家的时候是读书人，但是读书人就能这样随便吗？就是在家时是一个皇帝，我也是一样看待的！"那时方丈和尚仍是要我住在客堂楼上，而于戒堂里有了紧要的佛事时，方去参加一两回的。

那时候，我虽然不能和慧明法师时常见面，但是看到他那样的忠厚笃实，却是令我佩服不已的！

受戒以后，我就住在虎跑寺内。到了十二月，即搬到玉泉寺去住。此后即常常到别处去，没有久住在西湖了。

>>出家后的李叔同

1918年，李叔同在杭州虎跑寺出家，法号弘一，法名演音。作为中国近现代佛教史上最杰出的一位高僧，他被尊为南山律宗大师，律宗第十一世祖，享誉海内外。

>>小品山水　石涛

慧明法师

曾记得在民国十二年（编者注：1923 年）夏天的时候，我曾到杭州去过一回。那时正是慧明法师在灵隐寺讲《楞严经》的时候。开讲的那一天，我去听他说法。因为好几年没有看到他，觉得他已苍老了不少，头发且已斑白，牙齿也大半脱落。我当时大为感动，于拜他的时候，不由泪落不止。听说以后没有经过几年工夫，慧明法师就圆寂了。

关于慧明法师一生的事迹，出家人中晓得的很多，现在我且举几样事情，来说一说。慧明法师是福建汀州人。他穿的衣服毫不考究，看起来很不像大寺院法师的样子，但他待人是很平等的。无论你是大好佬或是苦恼子，他都是一样地看待。所以凡是出家、在家的上中下各色各样的人物，对于慧明法师是没有一个不佩服的。他老人家一生所做的事固然很多，但是最奇特的，就是能教化“马溜子”（马溜子是出家流氓的称呼）了。寺

院里是不准这班马溜子居住的。他们总是住在凉亭里的时候为多，听到各处的寺院有人打斋的时候，他们就会集了赶斋（吃白饭）去。在杭州这带地方，马溜子于是特别来得多，一般人总不把他们当人看待，而他们亦自暴自弃，无所不为的，但是慧明法师却能够教化马溜子呢！

>>芙蓉芦雁图 八大山人

那些马溜子常到灵隐寺去看慧明法师，而他老人家却待他们很客气，并且布施他们种种好饭食、好衣服等。他们要什么就给什么。而慧明法师有时也对他们说几句佛法，以资感化。慧明法师的腿是有毛病的。出来入去的时候，总是坐轿子居多。有一次他从外面坐轿回灵隐时，下了轿后，旁人看到慧明法师是没有穿裤子的。他们都觉得很奇怪，于是就问他道："法师为什么不穿裤子呢？"他说他在外面碰到了马溜子，因为向他要裤子，所以他连忙把裤子脱给他了。

关于慧明法师教化马溜子的事，外边的传说很多很多，我不过略举了这几样而已。不单那些马溜子对于慧明法师有很深的钦佩和信仰，即其他一般出家人，亦无不佩服的。

因为多年没有到杭州去了。西湖边上的马路、洋房也渐渐修筑得很多，而汽车也一天比一天地增加。回想到我以前在西湖边上居住时，那种闲静幽雅的生活，真是如同隔世，现在只能托之于梦想了。

南闽十年之梦影

我一到南普陀寺，就想来养正院和诸位法师讲谈讲谈，原定的题目是“余之忏悔”，说来话长，非十几小时不能讲完；近来因为讲律，须得把讲稿写好，总抽不出一个时间来，心里又怕负了自己的初愿，只好抽出很短的时间，来和诸位谈谈，谈我在南闽十年中的几件事情！

我第一回到南闽，在一九二八年的十一月，是从上海来的。起初还是在温州，我在温州住得很久，差不多有十年光景。

由温州到上海，是为着编辑《护生画集》的事，和朋友商量一切；到十一月底，才把《护生画集》编好。

那时我听人说：尤惜阴居士也在上海。他是我旧时很要好的朋友，我就想去看一看他。一天下午，我去看尤居士，居士说要到暹罗国去，第二天一早就要动身的。我听了觉得很喜欢，于是也想和他一道去。

我就在十几小时中，急急地预备着。第二天早晨，天还没大亮，就赶到轮船码头，和尤居士一起动身到暹罗国去了。从上海到暹罗，是要经过厦门的，料不到这就成了我来厦门的因缘。十二月初，到了厦门，承陈敬贤居士的招待，也在他们的楼上吃过午饭，后来陈居士就介绍我到南普陀寺来。那时的南普陀，和现在不同，马路还没有建筑，我是坐着轿子到寺里来的。

到了南普陀寺，就在方丈楼上住了几天。时常来谈天的，有性愿老法师、芝峰法师等。芝峰法师和我同在温州，虽不曾见过面，却是很相契的。现在突然在南普陀寺晤见了，真是说不出的高兴。

我本来是要到暹罗去的，因着诸位法师的挽留，就留滞在厦门，不想到暹罗国去了。

在厦门住了几天，又到小云峰那边去过年。一直到正月半以后才回到厦门，住在闽南佛学院的小楼上，约莫住了三个月工夫。看到院里面的学僧虽然只有二十几位，他们的态度都很文雅，而且很有礼貌，和教职员的感情也很不差，我当时很赞美他们。

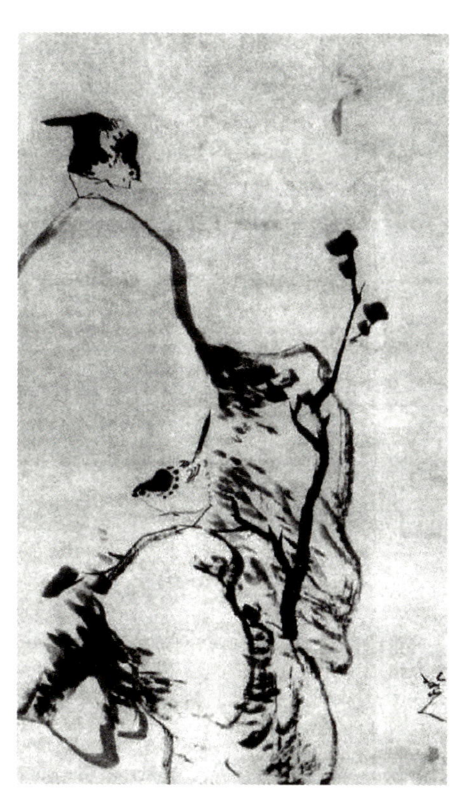

>> 柯石双禽图　八大山人

这时芝峰法师就谈起佛学院里的课程来。他说：“门类分得很多，时间的分配却很少，这样下去，怕没有什么成绩吧？”

因此，我表示了一点意见，大约是说：“把英文和算术等删掉，佛学却不可减少，而且还得增加，就把腾出来的时间教佛学吧！”

他们都很赞成。听说从此以后，学生们的成绩，确比以前好得多了！

我在佛学院的小楼上，一直住到四月间，怕将来的天气更会热起来，于是又回到温州去。

第二回到南闽，是在一九二九年十月。起初在南普陀寺住了几天，以后因为寺里要做水陆，又搬到太平岩去住。等到水陆圆满，又回到寺里，在前面的老功德楼住着。

当时闽南佛学院的学生，忽然增加了两倍多，约有六十多位，管理方面不免感到困难。虽然竭力地整顿，终不能恢复以前的样子。不久，我又到小雪峰去过年，正月半才到承天寺来。

那时性愿老法师也在承天寺，在起草章程，说是想办什么研究社。

不久，研究社成立了，景象很好，真所谓“人才济济”，很有一种难以形容的盛况。现在妙释寺的善契师，南山寺的传证师，以及已故南普陀寺的广究师，……都是那时候的学僧哩！

研究社初办的几个月间，常住的经忏很少，

每天有工夫上课，所以成绩卓著，为别处所少有。当时我也在那边教了两回写字的方法，遇有闲空，又拿寺里那些古版的藏经来整理整理，后来还编成目录，至今留在那边。这样，在寺里约莫住了三个月，到四月，怕天气要热起来，又回到温州去。

>> 双鹰图　八大山人

一九三一年九月，广洽法师写信来，说很盼望我到厦门去。当时我就从温州动身到上海，预备再到厦门；但许多朋友都说：时局不大安定，远行颇不相宜，于是我只好仍回温州。直到转年（即一九三二年）十月，到了厦门，计算起来，已是第三回了！

到厦门之后，由性愿老法师介绍，到山边岩去住；但其间妙释寺也去住了几天。那时我虽然没有到南普陀来住；但佛学院的学僧和教职员，却是常常来妙释寺谈天的。

一九三三年正月廿一日，我开始在妙释寺讲律。

这年五月，又移到开元寺去。

当时许多学律的僧众，都能勇猛精进，一天到晚地用功，从没有空过的工夫；就是秩序方面也很好，大家都啧啧地称赞着。

有一天，已是黄昏时候了！我在学僧们宿舍前面的大树下立着，各房灯火发出很亮的光；诵经之声，又复朗朗入耳，一时心中觉得有无限的欢慰！可是这种良好的景象，不能长久地继续下去，恍如昙花一现，不久就消失了。但是当时的景象，却很深地印在我的脑中，现在回想起来，还如在大树底下目睹一般。这是永远不会消灭，永远不会忘记的啊！

十一月，我搬到草庵来过年。

一九三四年二月，又回到南普陀。

当时旧友大半散了；佛学院中的教职员和学僧，也没有一位认识的！

我这一回到南普陀寺来，是准了常惺法师的约，来整顿僧教育的。后来我观察情形，觉得因缘还没有成熟，要想整顿，一时也无从着手，所以就作罢了。此后并没有到闽南佛学院去。

讲到这里，我顺便将我个人对于僧教育的意见，说明一下：

我平时对于佛教是不愿意去分别哪一宗、哪一派的，因为我觉得各宗各派，都各有各的长处。

但是有一点，我以为无论哪一宗哪一派的学僧，却非深信不可，那就是佛教的基本原则，就是深信善恶因果报应的道理。善有善报，恶有恶报；同时还须深信佛菩萨的灵感！这不仅初级的学僧应该这样，就是升到佛教大学也要这样！

>> 河南洛阳白马寺齐云塔

齐云塔本称释迦舍利塔、金方塔、白马寺塔。在洛阳白马寺山门外东南约200米处，是洛阳一带地面现存最早的古建筑，也是中原地区为数不多的金代建筑遗存之一。

善恶因果报应和佛菩萨的灵感道理，虽然很容易懂；可是能彻底相信的却不多。这所谓信，不是口头说说的信，是要内心切切实实去信的呀！

咳！这很容易明白的道理，若要切切实实地去信，却不容易啊！

我以为无论如何，必须深信善恶因果报应和诸佛菩萨灵感的道理，才有做佛教徒的资格！

须知善有善报，恶有恶报，这种因果报应，是丝毫不爽的！又须知我们一个人所有的行为，一举一动，以至起心动念，诸佛菩萨都看得清清楚楚！

一个人若能这样十分决定地信着，他的品行

道德，自然会一天比一天地高起来！

要晓得我们出家人，就所谓“僧宝”，在俗家人之上，地位是很高的。所以品行道德，也要在俗家人之上才行！

倘品行道德仅能和俗家人相等，那已经难为情了！何况不如？又何况十分的不如呢？……咳！……这样他们看出家人就要十分的轻慢，十分的鄙视，种种讥笑的话，也接连地来了。……

记得我将要出家的时候，有一位在北京的老朋友写信来劝告我，你知道他劝告的是什么，他说：“听到你要不做人，要做僧去。……”

咳！……我们听到了这话，该是怎样的痛心啊！他以为做僧的，都不是人，简直把僧不当人看了！你想，这句话多么厉害呀！

出家人何以不是人？为什么被人轻慢到这地步？我们都得自己反省一下！我想这原因都由于我们出家人做人太随便的缘故；种种太随便了，就闹出这样的话柄来了。

至于为什么会随便呢？那就是由于不能深信善恶因果报应和诸佛菩萨灵感的道理的缘故。倘若我们能够真正深信，十分决定地信，我想就是把你的脑袋斫掉，也不肯随便的了！

以上所说，并不是单单养正院的学僧应该牢记，就是佛教大学的学僧也应该牢记，相信善恶因果报应和诸佛菩萨灵感不爽的道理！

就我个人而论，已经是将近六十的人了，出家已有二十年，但我依旧喜欢看这类的书！——记载善恶因果报应和佛菩萨灵感的书。

我近来省察自己，觉得自己越弄越不像了！所以我要常常研究这一类的书：希望我的品行道德，一天高尚一天；希望能够改过迁善，做一个好人；又因为我想做一个好人，同时我也希望诸位都做好人！

这一段话，虽然是我勉励我自己的，但我很希望诸位也能照样去实行！

关于善恶因果报应和佛菩萨灵感的书，印光老法师在苏州所办的弘化社那边印得很多，定价也很低廉，诸位若要看的话，可托广洽法师写信去购请，或者他们会赠送也未可知。

>> 六君子图 八大山人

以上是我个人对于僧教育的一点意见。下面我再来说几样事情：

我于一九三五年到惠安净峰寺去住。到十一月，忽然生了一场大病，所以就搬到草庵来养病。

这一回的大病，可以说是我一生的大纪念！

我于一九三六年的正月，扶病到南普陀寺来。在病床上有一只钟，比其他的钟总要慢两刻，别人看到了，总是说这个钟不准，我说："这是草庵钟。"

别人听了"草庵钟"三字还是不懂，难道天下的钟也有许多不同的么？现在就让我详详细细地来说个明白：

我那一回大病，在草庵住了一个多月。摆在病床上的钟，是以草庵的钟为标准的。而草庵的钟，总比一般的钟要慢半点。

我以后虽然移到南普陀，但我的钟还是那个样子，比平常的钟慢两刻，所以"草庵钟"就成了一个名词了。这件事由别人看来，也许以为是很好笑的吧！但我觉得很有意思！因为我看到这个钟，就想到我在草庵生大病的情形了，往往使我发大惭愧，惭愧我德薄业重。

我要自己时时发大惭愧，我总是故意地把钟改慢两刻，照草庵那钟的样子，不止当时如此，到现在还是如此，而且愿尽形寿，常常如此。

以后在南普陀住了几个月，于五月间，才到鼓浪屿日光岩去。十二月仍回南普陀。

到今年一九三七年，我在闽南居住，算起来，首尾已是十年了。

回想我在这十年之中在闽南所做的事情，成功的却是很少很少，残缺破碎的居其大半，所以我常常自己反省，觉得自己的德行，实在十分欠缺！

因此近来我自己起了一个名字，叫“二一老人”。什么叫“二一老人”呢？这有我自己的根据。

记得古人有句诗：“一事无成人渐老。”

清初吴梅村（伟业）临终的绝命词有：“一钱不值何消说。”

这两句诗的开头都是“一”字，所以我用来做自己的名字，叫作“二一老人”。

>> 四川成都宝光寺方塔

宝光寺方塔是一座风格典雅、工艺精巧的密檐式四方形砖质佛塔。塔高30米，分13层，每层每面都嵌有三尊泥金佛像，四角挂着“朱雀衔铃”，塔端高耸着鎏金的“飞鹅钢”宝顶，底层龛内塑有释迦牟尼佛说法贴金坐像。

因此我十年来在闽南所做的事，虽然不完满，而我也不怎样地去求它完满了！

诸位要晓得：我的性情是很特别的，我只希望我的事情失败，因为事情失败、不完满，这才使我常常发大惭愧！能够晓得自己的德行欠缺，自己的修善不足，那我才可努力用功，努力改过迁善！

一个人如果事情做完满了，那么这个人就会心满意足，洋洋得意，反而增长他贡高我慢的念头，生出种种的过失来！所以还是不去希望完满的好！

不论什么事，总希望他失败，失败才会发大惭愧！倘若因成功而得意，那就不得了啦！

我近来，每每想到"二一老人"这个名字，觉得很有意味！

这"二一老人"的名字，也可以算是我在闽南居住了十年的一个最好的纪念！

（本文为弘一法师1937年讲于厦门南普陀寺佛教养正院）

略述印光大师之盛德

大师为近代之高僧，众所钦仰。其一生之盛德，非短时间所能叙述。今先略述大师之生平，次略举盛德四端，仅能于大师种种盛德中，粗陈其少分而已。

>> 印光大师

印光大师（1861–1940）陕西合阳人。距离今时最近的净土祖师。他常以书信解答学佛者的各种疑难杂问。于各宗的教理及各经要义，都有精辟开示。他于净土宗最重要的贡献可以说是上承祖意，下启后学，纠正了当时许多错误的净宗教理观念。其所写信件，被有慧眼之士视为珍宝，汇集成《文钞》，大量流传。直至今日，《文钞》所言，仍是邪知邪见盲流中的砥柱明灯。

一、略述大师之生平

大师为陕西人。幼读儒书，二十一岁出家，三十三岁居普陀山，历二十年，人鲜知者。至一九一一年，师五十二岁时，始有人以师文隐名登入上海《佛学丛报》者。一九一七年，师五十七岁，乃有人刊其信稿一小册。至一九一八年，师五十八岁，即余出家之年，是年春，乃刊《文钞》一册，世遂稍有知师名者。以后续刊《文钞》二册，又增为四册，于是知名者渐众。有通信问法者，有亲至普陀参礼者。一九三〇年，师七十岁，移居苏州报国寺。此后十年，为弘法最盛之时期。一九三七年，战事起，乃移灵岩山，遂兴念佛之大道场。一九四〇年十一月初四日生西。生平不求名誉，他人有作文赞扬师德者，辄痛斥之。不贪蓄财物，他人供养钱财者至多，师以印佛书流通，或救济灾难等。一生不蓄剃度弟子，而全国僧众多钦服其教化。一生不任寺中住持、监院等职，而全国寺院多蒙其护法。各处寺房或寺产，有受人占夺者，

>> 松鹤图　八大山人

师必为尽力设法以保全之。故综观师之一生而言，在师自己，决不求名利恭敬，而于实际上，能令一切众生皆受莫大之利益。

二、略举盛德之四端

大师盛德至多，今且举常人之力所能随学者四端，略说述之。因师之种种盛德，多非吾人所可及，今所举之四端，皆是至简至易，无论何人，皆可依此而学也。

1. 习劳

大师一生，最喜自作劳动之事。余于一九二四年曾到普陀山，其时师年六十四岁，余见师一人独居，事事躬自操作，别无侍者等为之帮助。直至去年，师年八十岁，每日仍自己扫地，拭几，擦油灯，洗衣服。师既如此习劳，为常人的模范，故见人有懒惰懈怠者，多诫劝之。

2. 惜福

大师一生，于惜福一事最为注意。衣食住等，皆极简单粗劣，力斥精美。一九二四年，余至普陀山，居七日，每日自晨至夕，皆在师房内观察师一切行为。师每日晨食仅粥一大碗，无菜。师自云："初至普陀时，晨食有咸菜，因北方人吃不惯，故改为仅食白粥，已三十余年矣。"食毕，以舌舐碗，至极净为止。复以开水注入碗中，涤荡其余汁，即以之漱口，旋即咽下，惟恐轻弃残余

>> 北京潭柘寺

潭柘寺始建于西晋永嘉元年（307 年），寺院初名“嘉福寺”，清代康熙皇帝赐名为“岫云寺”，但因寺后有龙潭，山上有柘树，故民间一直称为“潭柘寺”。它距今已有 1700 多年的历史，素有“先有潭柘寺，后有北京城”的民谚。

之饭粒也。至午食时，饭一碗，大众菜一碗。师食之，饭菜皆尽。先以舌舐碗，又注入开水涤荡以漱口，与晨食无异。师自行如是，而劝人亦极严厉。见有客人食后，碗内剩饭粒者，必大呵曰：“汝有多么大的福气？竟如此糟蹋！”此事常常有，余屡闻及人言之。又有客人以冷茶泼弃痰桶中者，师亦呵诫之。以上且举饭食而言。其他惜福之事，亦均类此也。

3. 注重因果

大师一生最注重因果，尝语人云：“因果之法，为救国救民之急务。必令人人皆知现在有如此因，将来即有如此果，善有善报，恶有恶报。欲挽救世道人心，必须于此入手。”大师无论见何等人，皆以此理痛切言之。

4. 专心念佛

大师虽精通种种佛法，而自行劝人，则专依念佛法门。师之在家弟子，多有曾受高等教育及留学欧美者。而师决不与彼等高谈佛法之哲理，惟一一劝其专心念佛。彼弟子辈闻师言者，亦皆一一信受奉行，决不敢轻视念佛法门而妄生疑议。此盖大师盛德感化有以致之也。

以上所述，因时间短促，未能详尽，然即此亦可略见大师盛德之一斑。若欲详知，有上海出版之《印光大师永思集》，泉州各寺当有存者，可以借阅。今日所讲者止此。

（本文为弘一法师讲于泉州檀林福林寺念佛期）

第二章　日拱一卒，笃行不怠

改过实验谈

今值旧历新年，请观厦门全市之中，新气象充满，门户贴新春联，人多着新衣，口言恭贺新喜、新年大吉等。我等素信佛法之人，当此万象更新时，亦应一新乃可。我等所谓新者何，亦如常人贴新春联、着新衣等以为新乎？曰：不然。我等所谓新者，乃是改过自新也。但“改过自新”四字范围太广，若欲演讲，不知从何说起。今且就余五十年来修省改过所实验者，略举数端为诸君言之。

>>玉蓉　八大山人

余于讲说之前，有须预陈者，即是以下所引诸书，虽多出于儒书，而实合于佛法。因谈玄说妙修证次第，自以佛书最为详尽。而我等初学之人，持躬敦品、处事接物等法，虽佛书中亦有说者，但儒书所说，尤为明白详尽适于初学。故今多引之，以为吾等学佛法者之一助焉。以下分为总论别示二门。

总论者即是说明改过之次第：

一、**学** 须先多读佛书儒书，详知善恶之区别及改过迁善之法。倘因佛儒诸书浩如烟海，无力遍读，而亦难于了解者，可以先读《格言联璧》一部。余自儿时，即读此书。归信佛法以后，亦常常翻阅，甚觉其亲切而有味也。此书佛学书局有排印本甚精。

二、**省** 既已学矣，即须常常自己省察，所有一言一动，为善欤，为恶欤？若为恶者，即当痛改。除时时注意改过之外，又于每日临睡时，再将一日所行之事，详细思之。能每日写录日记，尤善。

三、**改** 省察以后，若知是过，即力改之。诸君应知改过之事，乃是十分光明磊落，足以表示伟大之人格。故子贡云："君子之过也，如日月之食焉；过也人皆见之，更也人皆仰之。"又古人云："过而能知，可以谓明。知而能改，可以即圣。"诸君可不勉乎！

别示者，即是分别说明余五十年来改过迁善之事。但其事甚多，不可胜举。今且举十条为常人所不甚注意者，先与诸君言之。《华严经》中皆

用十之数目，乃是用十以表示无尽之意。今余说改过之事，仅举十条，亦尔；正以示余之过失甚多，实无尽也。此次讲说时间甚短，每条之中仅略明大意，未能详言，若欲知者，且俟他日面谈耳。

一、**虚心**　常人不解善恶，不畏因果，决不承认自己有过，更何论改？但古圣贤则不然。今举数例：孔子曰："五十以学易，可以无大过矣。"又曰："闻义不能徙，不善不能改，是吾忧也。"蘧伯玉为当时之贤人，彼使人于孔子。孔子与之坐而问焉，曰："夫子何为？"对曰："夫子欲寡其过而未能也。"圣贤尚如此虚心，我等可以贡高自满乎！

二、**慎独**　吾等凡有所作所为，起念动心，佛菩萨乃至诸鬼神等，无不尽知尽见。若时时作如是想，自不敢胡作非为。曾子曰："十目所视，十手所指，其严乎！"又引诗云："战战兢兢，如临深渊，如履薄冰。"此数语为余所常常忆念不忘者也。

三、**宽厚**　造物所忌，曰刻曰巧。圣贤处事，惟宽惟厚。古训甚多，今不详录。

四、**吃亏**　古人云："我不识何等为君子，但看每事肯吃亏的便是。我不识何等为小人，但看每事好便宜的便是。"古时有贤人某临终，子孙请遗训，贤人曰："无他言，尔等只要学吃亏。"

>> 河塘禽鸟图（局部）
八大山人

五、**寡言**　此事最为紧要。孔子云：“驷不及舌”，可畏哉！古训甚多，今不详录。

六、**不说人过**　古人云：“时时检点自己且不暇，岂有功夫检点他人。”孔子亦云：“躬自厚而薄责于人。”以上数语，余常不敢忘。

七、**不文己过**　子夏曰：“小人之过也必文。”我众须知文过乃是最可耻之事。

八、**不覆己过**　我等倘有得罪他人之处，即须发大惭愧，生大恐惧。发露陈谢，忏悔前愆。万不可顾惜体面，隐忍不言，自诳自欺。

九、**闻谤不辩**　古人云：“何以息谤？曰：无辩。”又云：“吃得小亏，则不至于吃大亏。”余三十年来屡次经验，深信此数语真实不虚。

十、**不嗔**　嗔习最不易除。古贤云：“二十年治一怒字，尚未消磨得尽。”但我等亦不可不尽力

对治也。《华严经》云："一念嗔心，能开百万障门。"可不畏哉！

因限于时间，以上所言者殊略，但亦可知改过之大意。最后，余尚有数言，愿为诸君陈者：改过之事，言之似易，行之甚难。故有屡改而屡犯，自己未能强作主宰者，实由无始宿业所致也。务请诸君更须常常持诵阿弥陀佛名号，观世音地藏诸大菩萨名号，至诚至敬，恳切忏悔无始宿业，冥冥中自有不可思议之感应。承佛菩萨慈力加被，业消智朗，则改过自新之事，庶几可以圆满成就，现生优入圣贤之域，命终往生极乐之邦，此可为诸君预贺者也。

常人于新年时，彼此晤面，皆云恭喜，所以贺其将得名利。余此次于新年时，与诸君晤面，亦云恭喜，所以贺诸君将能真实改过，不久将为贤为圣，不久决定往生极乐，速成佛道，分身十方，普能利益一切众生耳。

（本文为弘一法师 1933 年讲于厦门妙释寺）

律与自律

我出家以来，在江浙一带并不敢随便讲经或讲律，更不敢赴什么传戒的道场，其缘故是因个人感觉着学力不足。三年来在闽南虽曾讲过些东西，自心总觉非常惭愧的。这次本寺诸位长者再三地唤我来参加戒期胜会，情不可却，故今天来与诸位谈谈，但因时间匆促，未能预备，参考书又缺少，兼以个人精神衰弱，拟在此共讲三天。今天先专为求授比丘戒者讲些律宗历史，他人旁听，虽不能解，亦是种植善根之事。

为比丘者应先了知戒律传入此土之因缘，及此土古今律宗盛衰之大概。由东汉至曹魏之初，僧人无归戒之举，惟剃发而已。魏嘉平年中，天竺僧人法时到中土，乃立羯磨受法，是为戒律之始。当是时可算是真实传授比丘戒的开始，渐渐达至繁盛时期。

大部之广律，最初传来的是《十诵律》，翻译斯部律者，系姚秦时的鸠摩罗什法师，庐山净

宗初祖远公法师亦竭力劝请赞扬。六朝时此律最盛于南方。其次翻译的是《四分律》，时期和《十诵律》相去不远，但迟至隋朝乃有人弘扬提倡，至唐初乃大盛。第三部是《僧祇律》，东晋时翻译的，六朝时北方稍有弘扬者。刘宋时继《僧祇律》后，有《五分律》，翻译斯律之人，即是译六十卷《华严经》者，文精而简，道宣律师甚赞，可惜罕有人弘扬。至其后有《有部律》，乃唐武则天时义净法师的译著，即是西藏一带最通行的律。当初义净法师在印度有二十余年的历史，博学强记，贯通律学精微，非至印度之其他僧人所能及，实空前绝后的中国大律师。义净回国，翻译终毕，他年亦老了，不久即圆寂，以后无有人弘扬，可

>> 安晚图（荷花小鸟、葡萄） 八大山人

惜！可惜！此外诸部律论甚多，不遑枚举。

关于《有部律》，我个人起初见之甚喜，研究多年；以后因朋友劝告即改研《南山律》，其原因是《南山律》依《四分律》而成，又稍有变化，能适合吾国僧众之根器故。现在我即专就《四分律》之历史大略说些。

唐代是《四分律》最盛时期，以前所弘扬的是《十诵律》，《四分律》少人弘扬；至唐初《四分律》学者乃盛，共有三大派：（一）《相部律》，依法砺律师为主；（二）《南山律》，以道宣律师为主；（三）《东塔律》，依怀素律师为主。法砺律师在道宣之前，道宣曾就学于他。怀素律师在道宣之后，亦曾亲近法砺、道宣二律师。斯律虽有三大派之分，最盛行于世的可算《南山律》了。南山律师著作浩如烟海，其中《行事钞》最负盛名，是时任何宗派之学者皆须研《行事钞》；自唐至宋，解者六十余家，惟灵芝元照律师最胜，元照律师尚有许多其他经律的注释。元照后，律学渐渐趋于消沉，罕有人发心弘扬。

南宋后禅宗益盛，律学更无人过问，所有唐宋诸家的律学撰述数千卷悉皆散失；迨至清初，惟存南山《随机羯磨》一卷，如是观之，大足令人兴叹不已！明末清初有蕅益、见月诸大师等欲重兴律宗，但最可憾者，是唐宋古书不得见。当时蕅益大师著述有《毗尼事义集要》，初讲时人数

已不多，以后更少；结果成绩颓然。见月律师弘律颇有成绩，撰述甚多，有解《随机羯磨》者，毗尼作持，与南山颇有不同之处，因不得见南山著作故！此外尚有最负盛名的《传戒正范》一部，从明末至今，传戒之书独此一部，传戒尚存之一线曙光，惟赖此书；虽与南山之作未能尽合，然其功甚大，不可轻视；但近代受戒仪轨，又依此稍有增减，亦不是见月律师《传戒正范》之本来面目了。

南宋至清七百余年，关于唐宋诸家律学撰述，可谓无存；清光绪末年乃自日本请还唐宋诸家律书之一部分，近十余年间，在天津已刊者数百卷。此外《续藏经》中所收尚未另刊者，犹有数百卷。

今后倘有人发心专力研习弘扬，可以恢复唐代之古风，凡蕅益、见月等所欲求见者今悉俱在；我们生此时候，实比蕅益、见月诸大师幸福多多。

但学律非是容易的事情，我虽然学律近二十年，仅可谓为学律之预备，窥见了少许之门径；

>> 河塘禽鸟图（局部） 八大山人

>> 山水　八大山人

再预备数年，乃可着手研究，以后至少须研究二十年，乃可稍有成绩。奈我现在老了，恐不能久住世间，很盼望你们有人能发心专学戒律，继我所未竟之志，则至善矣。

我们应知道：现在所流通之《传戒正范》，非是完美之书，何况更随便增减，所以必须今后恢复古法乃可；此皆你们的责任，我甚希望大家共同勉励进行！

今天续讲三皈、五戒，乃至菩萨戒之要略。

三皈、五戒、八戒、沙弥沙弥尼戒、式叉摩那戒、比丘比丘尼戒、菩萨戒等，就普通说，菩萨戒为大乘，余皆小乘，但亦未必尽然，应依受

者发心如何而定。我近来研究《南山律》，内中有云："无论受何戒法，皆要先发大乘心。"由此看来，哪有一种戒法专名为小乘的呢！再就受戒方法论，如：三皈、五戒、沙弥沙弥尼戒，皆用三皈依受；至于比丘比丘尼戒、菩萨戒，则须依羯磨文受；又如式叉摩那，则是作羯磨与学戒法，不是另外得戒，与上不同。再依在家出家分之：就普通说，在家如三皈、五戒、八戒等，出家如沙弥比丘等，实而言之，三皈、五戒、八戒，皆通在家出家。诸位听着这话，或当怀疑，今我以例证之，如：明灵峰蕅益大师，他初亦受比丘戒，后但退作三皈人，如是言之，只有三皈亦可算出家人。

又若单五戒亦可算出家人，因剃发以后，必先受五戒，后再受沙弥戒，未受沙弥戒前，止是五戒之出家人。故五戒通于在家出家，有在家优婆塞、出家优婆塞之别；例如：明蕅益大师之大弟子成时、性旦二师，皆自称为出家优婆塞。成时大师为编辑《净土十要》及《灵峰宗论》者，性旦大师为记录《弥陀要解》者，皆是明末的高僧。

八戒何为亦通在家出家？《药师经》中说："比丘亦可受八戒，比丘再受八戒为欲增上功德故。"这样看起来，八戒亦通于僧俗。

以上略判竟，以下一一分别说之。

>> 小品山水　石涛

三皈：不属于戒，仅名三皈。三皈者：皈依佛，皈依法，皈依僧。未受以前必须要了解三皈道理，并非糊里糊涂地盲从瞎说，如这样子皆不得三皈。

所谓三宝有四种之别，一理体三宝，二化相三宝，三住持三宝，四一体三宝。尽讲起来很深奥复杂，现在且专就住持三宝来说。三宝意义是什么？佛，法，僧。所谓佛即形像，如：释迦佛像、药师佛像、弥陀佛像等；法即佛所说之经，如：《法华经》《楞严经》等，皆佛金口所流露出来之法；僧即出家剃发受戒有威仪之人。以上所说佛、法、僧道理，可谓最浅近，诸位谅皆能明了吧。

皈依即回转的意义，因前背舍三宝，而今转向三宝，故谓之皈依。但无论出家在家之人，若受三皈时，最重要点有二：第一要注意皈依三宝是何意义？第二当受三皈时，师父所说应当十分明白，或师父所讲的话，全是文言不能了解，如是决不能得三皈；或隔离太远，听不明白亦不得三皈；或虽能听到大致了解，其中尚有一二怀疑处，亦不得三皈。又正授之时，即是“皈依佛”“皈依法”“皈依僧”三说，此最要紧，应十分注意；以后之“皈依佛竟”“皈依法竟”“皈依僧竟”，是名三结，无关紧要；所以诸位发心受戒，应先了知三皈意义，又当正授时，要在先

"皈依佛"等三语注意，乃可得三皈。

以上三皈说已。下说五戒。

五戒：就五戒言，亦要请师先为说明。五戒者：杀，盗，淫，妄，酒。当师父说明五戒意义时，切要用白话，浅近明了，使人易懂。受戒者听毕，应先自思量如是诸戒能持否，若不能全持，或一，或二，或三，或四，皆可随意；宁可不受，万不可受而不持！且就杀生而论，未受戒者，犯之本应有罪，若已受不杀戒者犯之，则罪更加重一倍，可怕不可怕呢！你们试想一想，如果不能受持，勉强敷衍，实是自寻烦恼！据我思之：五戒中最容易持的，是：不邪淫，不饮酒；诸位可先受这两条最为稳当；至于杀与妄语，有大小之分，大者虽不易犯，小者实为难持；又五戒中最为难持的莫如盗戒，非于盗戒戒相研究十分明了之后，万不可率尔而受。所以我盼望诸位对于盗戒一条缓缓再说，至要！至要！但以现在传戒情形看起来，在这许

>> 湖石双鸟图　八大山人

多人众集合场中，实际上是不能如上一一别受；我想现在受五戒时，不妨合众总受五戒，俟受戒后，再自己斟酌取舍，亦未为不可；于自己所不能奉持的数条，可以在引礼师前或俗人前舍去，这样办法，实在十分妥当，在授者减麻烦，诸位亦可免除烦恼。另外还有一句要紧的话，倘有人怀疑于此大众混杂扰乱之时，心中不能专一注想，或恐犹未得戒者，不妨请性愿老法师或其他善知识，再为重授一次，他们当即慈悲允许。诸位！你们万不可轻视三皈五戒！我有句老实话对诸位说：菩萨戒不是容易得的，沙弥戒及比丘戒是不能得的，无论出家或在家人所希望者，惟有三皈五戒，我们倘能得三皈五戒，那就是很好的了。因受持五戒，来生定可为人；既能持五戒，再说念阿弥陀佛名号，求生西方，临终时定能往生西方极乐世界，岂不甚好。就我自己而论，对于菩萨戒是有名无实，沙弥戒及比丘戒决定未得；即以五戒而言，亦不敢说完全，止可谓为出家多分优婆塞而已。这是实话。所以我盼望诸位要注意三皈五戒；当受五戒，应知于前说三皈正得戒体，最宜注意；后说五戒戒相为附属之文，不是在此时得戒。又须请师先为说明五戒之广狭；例如：饮酒一戒，不惟不饮泉州酒店之酒，凡尽法界虚空界之戒缘境酒，皆不可饮。杀，盗，淫，妄，亦复如是。所以受戒功德普遍法界，实非人力所

能思议。

宝华山见月律师所编《三皈五戒正范》，所有开示多用骈体文，闻者万不能了解，等于虚文而已；最好请师译成白话。此外我更附带言之：近有为人授五戒者，于不饮酒后加不吸烟一句，但这不吸烟可不必加入；应另外劝告，不应加入五戒文中。

以上说五戒毕，以下讲八戒。

八戒：具云八关斋戒。“关”者禁闭非逸，关闭所有一切非善事。“斋”是清的意思，绝诸一切杂想事。八关斋戒本有九条，因其中第七条包含两条，故合计为八条。前五与五戒同，后三条是另加的。后加三者，即：第六，华香璎珞香油涂身，这是印度美丽装饰之风俗，我国只有花香，并无璎珞等；但所谓香如吾国香粉、香水、香牙粉、香牙膏及香皂等，皆不可用。

第七，高胜床上坐，作倡伎乐故往观听。这就是两条合为一条的；现略为分析：“高”是依佛制度，坐卧之床脚，最高不能超过一尺六寸；“胜”是指金银牙角等之装饰，此皆不可。但在他处不得已的时候，暂坐可开：佛制是专为自制的，须结正罪，如别人已作成功的，不是自制的，罪稍轻。作倡伎乐故往观听，音乐影戏等皆属此条；所谓故往观听之“故”字要注意，于无意中偶然听到或看见的不犯。以上“高胜床上坐，作

倡伎乐故往观听”，共合为一条。受八关斋戒的人，皆不可为。

第八，非时食。佛制受八关斋戒后，自黎明至正午可食，倘越时而食，即叫作非时食。即平常所说的“过午不食”。但正午后，不单是饭等不可食，如牛奶水果等均不可用。如病重者，于不得已中，可在大家看不到地方开食粥等。

受八关斋戒，普通于六斋日受；六斋日者，即：初八，十四，十五，廿三，及月底最后二日；倘能发心日日受，那是最好不过了。受时要在每

>> 孤鸟　八大山人

天晨起时，期限以一日一夜——天亮时至夜，夜至明早。受八关斋戒后，过午不食一条，应从今天正午后至明日黎明时皆不可食。又八戒与菩萨戒比较别的戒有区别；因为八戒与菩萨戒，是顿立之戒。（但上说的菩萨戒，是局就《梵网》《璎珞》等而说的；若依《瑜伽戒本》，则属于渐次之戒。）这是什么缘故呢？未受五戒、沙弥戒、比丘戒，皆可即受菩萨戒或八戒，故曰顿立；若渐次之戒，必依次第，如先五戒，次沙弥戒，次比丘戒，层层上去的。以上所说八关斋戒，外江居士受的非常之多；我想闽南一带，将来亦应当提倡提倡！若嫌每月六日太多，可减至一日或两日亦无不可；因仅受一日，即有极大功德，何况六日全受呢！

沙弥戒：沙弥戒诸位已知道了吧？此乃正戒，共十条。其中九条同八戒，另加手不捉钱宝一条，合而为十。但手不捉钱宝一条，平常人不明白，听了皆怕；不知此不捉钱宝是易持之戒，律中有方便办法，叫作“说净”，经过说净的仪式后，亦可照常自己捉持：最为繁难者，是正戒十条外于比丘戒亦应学习，犯者结罪。我初出家时不晓得，后来学律才知道。这样看起来，持沙弥戒亦是不容易的一回事。

沙弥尼戒：即女众，法戒与沙弥同。

式叉摩那戒：梵语式叉摩那，此云学法女；

>> 古梅图　八大山人

外江各丛林，皆谓在家贞女为式叉摩那，这是错误的。闽南这边，那年开元寺传戒时，对于贞女不称式叉摩那，只用贞女之名，这是很通；平常人多不解何者为式叉摩那，我现在略为解释一下：

哪一种人可以受式叉摩那戒呢？要已受沙弥尼戒的人于十八岁时，受式叉摩那法，学习二年，然后再受比丘尼戒；因为佛制二十岁乃可受戒，于十八岁时，再学二年正当二十岁。于二年学习时，僧作羯磨，与学戒法；二年学毕乃可受比丘尼戒；但式叉摩那要学三法：一学根本法，——即四重戒。二学六法，——染心相触，盗减五钱，断畜命，小妄语，非时食，饮酒。三学行法，——大尼诸戒，及威仪。

此仅是受学戒法，非另外得戒，故与他戒不同。以下讲比丘戒。

比丘戒：因时间很短，现在不能详细说明，

惟有几句要紧话先略说之：

我们生此末法时代，沙弥戒与比丘戒皆是不能得的，原因甚多甚多！今且举出一种来说，就是没有能授沙弥戒比丘戒的人；若受沙弥戒，须二比丘授，比丘戒至少要五比丘授；倘若找不到比丘的话，不单比丘戒受不成，沙弥戒亦受不成。我有一句很伤心的话要对诸位讲：从南宋迄今六七百年来，或可谓僧种断绝了！以平常人眼光看起来，以为中国僧众很多，大有达至几百万之概；据实而论，这几百万中，要找出一个真比丘，怕也是不容易的事！如此怎样能受沙弥比丘戒呢？既没有能授戒的人，如何会得戒呢？我想诸位听到这话，心中一定十分扫兴；或以为既不得戒，我们白吃辛苦，不如早些回去好，何必在此辛辛苦苦做这种极无意味的事情呢？但如此怀疑是大不对的：我劝诸位应好好地、镇静地在此受沙弥戒比丘戒才是！虽不得戒，亦能种植善根，兼学种种威仪，岂不是好；又若想将来学律，必先挂名受沙弥比丘戒，否则以白衣学律，必受他人讥评：所以你们在这儿发心受沙弥比丘戒是很好的！

这次本寺诸位长老唤我来讲律学大意，我感着有种种困难之点；这是什么缘故？比方我在这儿，不依据佛所说的道理讲，一味地随顺他人顾惜情面敷衍了事，岂不是我害了你们吗！若依实

在的话与你们讲，又恐怕因此引起你们的怀疑；所以我觉着十分困难。因此不得已，对于诸位分作两种说法：（一）老实不客气地，必须要说明受戒真相，恐怕诸位出戒堂后，妄自称为沙弥或比丘，致招重罪，那是不得了的事情！我有种比方，譬如：泉州这地方有司令官等，不识相的老百姓亦自称我是司令官，如司令官等听到，定遭不良结果，说不定有枪毙之危险！未得沙弥比丘戒者，妄自称为沙弥或比丘，必定遭恶报，亦就是这个道理。我为着良心的驱使，所以要对诸位说老实话。（二）以现在人情习惯看起来，我总劝诸位受戒，挂个虚名，受后俾可学律；不然，定招他人诽谤之虞；这样的说，诸位定必明了吧。

更进一层说，诸位中若有人真欲绍隆僧种，必须求得沙弥比丘戒者，亦有一种特别的方法；即是如蕅益大师礼《占察忏仪》，求得清净轮相，即可得沙弥比丘戒；除此以外，无有办法。故蕅益大师云："末世欲得净戒，舍此《占察》轮相之法，更无别途。"因为得清净轮相之后，即可自誓总受菩萨戒而沙弥比丘戒皆包括在内，以后即可称为菩萨比丘。礼《占察忏》得清净轮相，虽是极不容易的事，倘诸位中有真发大心者，亦可奋力进行，这是我最希望你们的。以下说比丘尼戒：

比丘尼戒：现在不能详说。依据佛制，比丘尼戒要重复受两次；先依尼僧授本法，后请大僧正授，但正得戒时，是在大僧正授时；此法南宋以后已不能实行了。最后说菩萨戒：

菩萨戒：为着时间关系，亦不能详说。现在略举三事：（一）要有菩萨种性，又能发菩提心，然后可受菩萨戒。什么是种性呢？就简单来说，就是多生以来所成就的资格。所以当受戒时，戒师问："汝是菩萨否？"应答曰："我是菩萨！"这就是菩萨种性。戒师又问："既是菩萨，已发菩提心否？"应答曰："已发菩提心。"这就是发菩提心。如这样子才能受菩萨戒。（二）平常人受菩萨戒者皆是全受；但依《璎珞本业经》，可以随身分受，或一或多；与前所说的受五戒法相同。（三）犯相重轻，依旧疏新疏有种种差别，应随个人力量而行；现以例说，如：妄语戒，旧疏说大妄语乃犯波罗夷罪，新疏说，小妄语即犯波罗夷罪。至于起杀盗淫妄之心，即犯波罗夷，乃是为地上菩萨所制。我等凡夫是做不到的。

所谓菩萨戒虽不易得，但如有真诚之心，亦非难事；且可自誓受，不比沙弥比丘戒必须要请他人授；因为菩萨戒、五戒、八戒皆可自誓受，所以我们颇有得菩萨戒之希望！

今天讲完，我想在其中有不妥当处或错误处，还请诸位原谅。最后我尚有几句话：诸位在此受戒很好。在近代说，如外江最有名望的地方，虽有传戒，实不及此地完备，这是这里办事很有热

>>【唐】金刚力士像

金刚力士，在佛教中叫那罗延，乃具有大力之印度古神，又作那罗延天，意译为坚固力士、金刚力士。或谓其为帝释天之力士，亦被视为湿奴之异名。

心，很有精神，很有秩序，诚使我佩服，使我赞美。就以讲律来说，此地戒期中讲《沙弥律》《比丘戒本》《梵网经》，他方是难有的。几年前泉州大开元寺于戒期中提倡讲律，大家皆说是破天荒的举动。本寺此次传戒之美备，实与数年前大开元寺相同；并有露天演讲，使外人亦有种植善根之机缘，诚办事周到之处。本年天灾频仍，泉州亦不在例外，在人心惨痛、境遇萧条的状况中，本寺居然以极大规模，很圆满地开戒，这无非是诸位长老及大护法的道德感化所及；我这次到此地，心实无限欢喜，此是实话，并非捧场；此次能碰着这大机缘与诸位相聚，甚慰衷怀，最后还要与诸位恭喜。

（本文原名《律学要略》，为弘一法师 1935 年 5 月讲于泉州承天寺）

佛自扫地

养正院从开办到现在，已是一年多了。外面的名誉很好，这因为由瑞金法师主办，又得各位法师热心爱护，所以能有这样的成绩。

我这次到厦门，得来这里参观，心里非常欢喜。各方面的布置都很完美，就是地上也扫得干干净净的，这样，在别的地方，很不容易看到。

>> 安逸图（巨石、花）八大山人

我在泉州草庵大病的时候，承诸位写一封信来，各人都签了名，慰问我的病状；并且又承诸位念佛七天，代我忏悔，还有像这样别的事，都使我感激万分！

再过几个月，我就要到鼓浪屿日光岩去方便闭关了。时期大约颇长久，怕不能时时会到，所以特地发心来和诸位叙谈叙谈。

今天所要和诸位谈的，共有四项：一是惜福，二是习劳，三是持戒，四是自尊，都是青年佛徒应该注意的。

一、惜福

“惜”是爱惜，“福”是福气。就是我们纵有福气，也要加以爱惜，切不可把它浪费。诸位要晓得：末法时代，人的福气是很微薄的：若不爱惜，将这很薄的福享尽了，就要受莫大的痛苦，古人所说“乐极生悲”，就是这意思啊！我记得从前小孩子的时候，我父亲请人写了一副大对联，是清朝刘文定公的句子，高高地挂在大厅的抱柱上，上联是“惜食，惜衣，非为惜财缘惜福”。我的哥哥时常教我念这句子，我念熟了，以后凡是临到穿衣或是饮食的当儿，我都十分注意，就是一粒米饭，也不敢随意糟掉；而且我母亲也常常教我，身上所穿的衣服当时时小心，不可损坏或污染。这因为母亲和哥哥怕我不爱惜衣食，损失

福报以致短命而死，所以常常这样叮嘱着。

诸位可晓得，我五岁的时候，父亲就不在世了！七岁我练习写字，拿整张的纸瞎写；一点不知爱惜，我母亲看到，就正颜厉色地说："孩子！你要知道呀！你父亲在世时，莫说这样大的整张的纸不肯糟蹋，就连寸把长的纸条，也不肯随便丢掉哩！"母亲这话，也是惜福的意思啊！

我因为有这样的家庭教育，深深地印在脑里，后来年纪大了，也没一时不爱惜衣食；就是出家以后，一直到现在，也还保守着这样的习惯。诸位请看我脚上穿的一双黄鞋子，还是一九二〇年在杭州时候，一位打念佛七的出家人送给我的。又诸位有空，可以到我房间里来看看，我的棉被面子，还是出家以前所用的；又有一把洋伞，也是一九一一年买的。这些东西，即使有破烂的地方，请人用针线缝缝，仍旧同新的一样了。简直可尽我形寿受用着哩！不过，我所穿的小衫裤和罗汉草鞋一类的东西，却须五六年一换，除此以外，一切衣物，大都是在家时候或是初出家时候制的。

从前常有人送我好的衣服或别的珍贵之物，但我大半都转送别人。因为我知道我的福薄，好的东西是没有胆量受用的。又如吃东西，只生病时候吃一些好的，除此以外，从不敢随便乱买好的东西吃。

>> 个山人屋花卉图（奇石菖蒲） 八大山人

惜福并不是我一个人的主张，就是净土宗大德印光老法师也是这样，有人送他白木耳等补品，他自己总不愿意吃，转送到观宗寺去供养谛闲法师。别人问他："法师！你为什么不吃好的补品？"他说："我福气很薄，不堪消受。"

他老人家——印光法师，性情刚直，平常对人只问理之当不当，情面是不顾的。前几年有一位皈依弟子，是鼓浪屿有名的居士，去看望他，和他一道吃饭，这位居士先吃好，老法师见他碗里剩落了一两粒米饭；于是就很不客气地大声呵斥道："你有多大福气，可以这样随便糟蹋饭粒！你得把它吃光！"

诸位！以上所说的话，句句都要牢记！要晓得：我们即使有十分福气，也只好享受三分，所余的可以留到以后去享受；诸位或者能发大心，愿以我的福气，布施一切众生，共同享受，那更好了。

二、习劳

“习”是练习，“劳”是劳动。现在讲讲习劳的事情：诸位请看看自己的身体，上有两手，下有两脚，这原为劳动而生的。若不将他运用习劳，不但有负两手两脚，就是对于身体也一定有害无益的。换句话说：若常常劳动，身体必定康健。

而且我们要晓得：劳动原是人类本分上的事，不惟我们寻常出家人要练习劳动，即使到了佛的地位，也要常常劳动才行，现在我且讲讲佛的劳动的故事：所谓佛，就是释迦牟尼佛。在平常人想起来，佛在世时，总以为同现在的方丈和尚一样，有衣钵师、侍者师常常侍候着，佛自己不必做什么；但是不然。有一天，佛看到地下不很清洁，自己就拿起扫帚来扫地，许多大弟子见了，也过来帮扫，不一时，把地扫得十分清洁。佛看了欢喜，随即到讲堂里去说法，说道：“若人扫地，能得五种功德……”

又有一个时候，佛和阿难出外游行，在路上碰到一个喝醉了酒的弟子，已醉得不省人事了；佛就命阿难抬脚，自己抬头，一直抬到井边，用桶汲水，叫阿难把他洗濯干净。

有一天，佛看到门前木头做的横楣坏了，自己动手去修补。

有一次，一个弟子生了病，没有人照应，佛就问他说：“你生了病，为什么没人照应你？”那弟子说："从前人家有病，我不曾发心去照应他；现在我有病，所以人家也不来照应我了。"佛听了这话，就说："人家不来照应你，就由我来照应你吧！"

就将那病弟子大小便种种污秽，洗濯得干干净净；并且还将他的床铺，理得清清楚楚，然后扶他上床。由此可见，佛是怎样的习劳了。佛决不像现在的人，凡事都要人家服劳，自己坐着享福。这些事实，出于经律，并不是凭空说说的。

现在我再说两桩事情，给大家听听：《弥陀经》中载着的一位大弟子——阿耨楼陀，他双目失明，不能料理自己，佛就替他裁衣服，还叫别的弟子一道帮着做。

>> 芦雁图　八大山人

有一次，佛看到一位老年比丘眼睛花了，要穿针缝衣，无奈眼睛看不清楚，嘴里叫着："谁能替我穿针呀！"

佛听了立刻答应说："我来替你穿。"

以上所举的例，都足证明佛是常常劳动的。我盼望诸位，也当以佛为模范，凡事自己动手去做，不可依赖别人。

三、持戒

“持戒”二字的意义，我想诸位总是明白的吧！我们不说修到菩萨或佛的地位，就是想来生再做人，最低的限度，也要能持五戒。可惜现在受戒的人虽多，只是挂个名而已，切切实实能持戒的却很少。要知道：受戒之后，若不持戒，所犯的罪，比不受戒的人要加倍的大，所以我时常劝人不要随便受戒。至于现在一般传戒的情形，看了真痛心，我实在说也不忍说了！我想最好还是随自己的力量去受戒，万不可敷衍门面，自寻苦恼。

戒中最重要的，不用说是杀、盗、淫、妄，此外还有饮酒、食肉，也易惹人讥嫌。至于吃烟，在律中虽无明文，但在我国习惯上，也很容易受人讥嫌的，总以不吃为是。

>> 甘肃敦煌莫高窟158号卧佛像

敦煌石窟，又被称为敦煌石窟艺术、敦煌佛教艺术等，位于河西走廊最西端，主要是指莫高敦煌石窟，有时也是敦煌境内及相邻县包括西千佛洞、安西榆林窟及多个中小石窟的总称。莫高窟位于敦煌东25公里处，据武周圣历元年（698年）《李君修佛龛碑》记载，石窟始创于公元366年，乐尊和尚于前秦建元二年（366年）创龛，法良禅师接着续造。

四、自尊

>> 古人绘佛教图

“尊”是尊重，“自尊”就是自己尊重自己，可是人都喜欢人家尊重我，而不知我自己尊重自己；不知道要想人家尊重自己，必须从我自己尊重自己做起。怎样尊重自己呢？就是自己时时想着：我当做一个伟大的人，做一个了不起的人。比如我们想做一位清净的高僧吧，就拿《高僧传》来读，看他们怎样行，我也怎样行，所谓：“彼既丈夫我亦尔。”又比方我想将来做一位大菩萨，那末，就当依经中所载的菩萨行，随力行去。这就是自尊。但自尊与贡高不同；贡高是妄自尊大，目空一切的胡乱行为；自尊是自己增进自己的德业，其中并没有一丝一毫看不起人的意思的。

诸位万万不可以为自己是一个小孩子，是一个小和尚，一切不妨随便些，也不可说我是一个平常的出家人，哪里敢希望做高僧做大菩萨。凡事全在自己做去，能有高尚的志向，没有做不到的。

诸位如果作这样想：我是不敢希望做高僧、做大菩萨的，那做事就随随便便，甚至自暴自弃，走到堕落的路上去了，那不是很危险的么？诸位

应当知道：年纪虽然小，志气却不可不高啊！

我还有一句话，要向大家说，我们现在依佛出家，所处的地位是非常尊贵的，就以剃发、披袈裟的形式而论，也是人天师表，国王和诸天人来礼拜，我们都可端坐而受。你们知道这道理么？自今以后，就当尊重自己，万万不可随便了。

以上四项，是出家人最当注意的，别的我也不多说了。我不久就要闭关，不能和诸位时常在一块儿谈话，这是很抱歉的。但我还想在关内讲讲律，每星期约讲三四次，诸位碰到例假，不妨来听听！今天得和诸位见面，我非常高兴。我只希望诸位把我所讲的四项，牢记在心，作为永久的纪念！时间讲得很久了，费诸位的神，抱歉！抱歉！

（本文为弘一法师1926年2月讲于厦门南普陀寺佛教养正院）

改习惯

吾人因多生以来之夙习，及以今生自幼所受环境之熏染，而自然现于身口者，名曰习惯。

习惯有善有不善，今且言其不善者。常人对于不善之习惯，而略称之曰习惯。今依俗语而标题也。

在家人之教育，以矫正习惯为主。出家人亦尔。但近世出家人，惟尚谈玄说妙。于自己微细之习惯，固置之不问。即自己一言一动，极粗显易知之习惯，亦罕有加以注意者。可痛叹也。

余于三十岁时，即觉知自己恶习惯太重，颇思尽力对治。出家以来，恒战战兢兢，不敢任情适意。但自愧恶习太重，二十年来，所矫正者百无一二。

自今以后，愿努力痛改。更愿有缘诸道侣，亦皆奋袂兴起，同致力于此也。

吾人之习惯甚多。今欲改正，宜依如何之方法耶？若胪列多条，而一时改正，则心劳而效少，

以余经验言之，宜先举一条乃至三四条，逐日努力检点，既已改正，后再逐渐增加可耳。

今春以来，有道侣数人，与余同研律学，颇注意于改正习惯。数月以来，稍有成效，今愿述其往事，以告诸公。但诸公欲自改其习惯，不必尽依此数条，尽可随宜酌定。余今所述者、特为诸公作参考耳。

学律诸道侣，已改正习惯，有七条。

一、**食不言**。现时中等以上各寺院，皆有此制，故改正甚易。

二、**不非时食**。初讲律时，即由大众自己发心，同持此戒。后来学者亦尔。遂成定例。

三、**衣服朴素整齐**。或有旧制，色质未能合宜者，暂作内衣，外罩如法之服。

四、**别修礼诵等课程**。每日除听讲、研究、抄写，及随寺众课诵外，皆别自立礼诵等课程，尽力行之。或有每晨于佛前跪读《法华经》者，或有读《华严经》者，或有读《金刚经》者，或每日念佛一万以上者。

五、**不闲谈**。出家人每喜聚众闲谈，虚丧光阴，废弛道业，可悲可痛！今诸道侣，已能渐除此习。每于食后，或傍晚、休息之时，皆于树下檐边，或经行、或端坐、若默诵佛号、若朗读经文、若默然摄念。

六、**不阅报**。各地日报，社会新闻栏中，关于杀盗淫妄等事，记载最详。而淫欲诸事，尤描摹尽致。虽无淫欲之人，常阅报纸，亦必受其熏染，此为现代世俗教育家所痛慨者。故学律诸道侣，近已自己发心不阅报纸。

七、**常劳动**。出家人性多懒惰，不喜劳动。今学律诸道侣，皆已发心，每日扫除大殿及僧房檐下，并奋力作其他种种劳动之事。

以上已改正之习惯，共有七条。

尚有近来特实行改正之二条，亦附列于下：

一、**食碗所剩饭粒**。印光法师最不喜此事。若见剩饭粒者、即当面痛呵斥之。所谓施主一粒米、恩重大如山也。但若烂粥烂面留滞碗上、不易除去者，则非此限。

二、**坐时注意威仪**。垂足坐时、双腿平列。不宜左右互相翘架，更不宜耸立或直伸。余于在家时、已改此习惯。且现代出家人普通之威仪，亦不许如此。想此习惯不难改正也。

总之，学律诸道侣，改正习惯时，皆由自己发心。决无人出命令而禁止之也。

（本文为弘一法师1933年在泉州承天寺所讲）

谈写字的方法

我对于发心学字的人，总是劝他们：先由篆字学起。为什么呢？有几种理由：

（一）可以顺便研究《说文》，对于文字学，便可以有一点常识了。因为一个字一个字都有它的来源，并不是凭空虚构的，关于一笔一画，都不能随随便便乱写的。若不学篆书，不研究《说文》，对于字学及文字的起源就不能明白——简直可以说是不认得字啊！所以写字若由篆书入手，不但写字会进步，而且也很有兴味的。

（二）能写篆字以后，再学楷书，写字时一笔一画，也就不会写错的了。我以前看到养正院几位学生所抄写的稿子，写错的字很多很多。要晓得：写错了字，是很可耻的——这正如学英文的人一样，不能把字母拼错一个。若拼错了字，人家怎么认识呢？写错了我们自己的汉文字，更是不可以的。我们若先学会了篆书，再写楷字时，那就可以免掉很多错误。此外，写篆字也可以为写隶书、楷书、行书的基础。学会了篆字之后，对于写隶书、楷书、行书就都很容易——因为篆书是各种写字的根本。

若要写篆字的话，可先参看《说文》这一类的书。有一位清人吴大澂（吴大澂：清代文字学家，江苏吴县人，精于古文字学，著有《说文部首》《字说》《说文古籀补》等文字学著作多部，在字学上颇具创见）写的《说文部首》，那是不可缺少的。因为这部书很好，便于初学，如果要学写字的话，先研究这一部书最好。

既然要发心学写字的话，除了写篆字而外，还有大楷、中楷、小楷，这几样都应当写。我以前小孩子的时候，都通通写过的。至于要学一尺二尺的字，有一个很简便的方法：那就可用大砖来写，平常把四块大砖拼合起来，做成桌子的样子，而且用架子架起来，也可当桌子用；要学写大字，却很方便，而且一物可供两用了。

大笔怎样得到呢？可用麻扎起来做大笔，要写时，就可以任意挥毫。大砖在南方也许不多，这里倒有一个方面可以替代：就是用水门汀拼起来成为桌子。而用麻来写字，都是一样的。这样一来，既可练习写字，而纸及笔，也就经济得多了。

篆书、隶书乃至行书都要写，样样都要学才好；一切碑帖也都要读，至少要浏览下才可以。

照以上的方法学了一个时期以后，才可专写一种或专写体。这是由博而约的方法。

（三）至于用笔呢？算起来有很多种，如羊毫、狼毫、兔毫等。普通是用羊毫，紫毫及狼毫亦可用，并不限定哪种。有一最要注意的一点，就是写大字须用大笔，千万不可用小笔！

用小的笔写大字，那是很错误的。宁可用大笔写小字，不可以用小笔写大字。

还有纸的问题。市上所售的油光纸是很便宜的，但太光滑，很难写。若用本地所产的粗纸，就无此毛病的了。我的意思：高年级的同学可用粗纸，低年级的可用油光纸。

此地所用的有格子的纸，是不大适合的，和我们从前的九宫格的纸不同。以我的习惯而论，我用九宫格的方法就不是这个样子。现在画在下面，并说明我的用法：

若用这种格子的纸，写起字来，是很方便的，这样一来每个字都有规矩绳墨可守的。如写大楷时，两线相交的地方，成了一个十字形，就不致上下左右不相对称了。要晓得：写字总不能随随便便。每个字的地位要很正，要不偏左不偏右，不上不下，要有一定的标准。因为线有中心点，初学时注意此线，则写起来，自然会适中、很“落位”了。

平常写字时，写这个字，眼睛专看这个字，

其余的字就不管，这也是不对的。因为上面的字，与下面的字都有关系的——即全部分的字，不论上下左右，都须连贯才可以。这一点很要紧，须十分注意。不可以只管写一个字，其余的一切不去管它。因为写字要使全体都能够配合，不能单就每个字去看的。

再有一点须注意的：当我们写字的时候，切不可倚在桌上，须使腕高高地悬起来，才可以运用如意。写中楷悬腕固然好，假如肘部要倚着，那也无妨。至于小楷，则可以倚在桌上，不必悬腕的。

（四）以上所说的，是写字的初步法门。现在顺便讲讲关于写对联、中堂、横披、条幅等的方法。

我们写对联或中堂，就所写的一幅字而论，是应该有章法的。普通的一幅中堂，论起优劣来，有几种要素须注意的。现在估量其应得的分数如下：

章法五十分；字三十五分；墨色五分；印章十分。

就以上四种要素合起来，总分数可以算一百分。其中并没有平均的分数。我觉得其差异及分配法，当照上面所分配的样子才可以。

一般人认为每个字都很要紧，然而依

>> 花鸟图（孤松） 八大山人

照上面的记分，只有三十五分。大家也许要怀疑，为什么章法反而分数占多数呢？就章法本身而论，它之所以占着重要的原因，理由很简单——在艺术上有所谓三原则，即：

（一）统一；

（二）变化；

（三）整齐。

这在西洋绘画方面是认为很重要的。我便借来用在此地，以批评一幅字的好坏。我们随便写一张字，无论中堂或对联，普通将字排起来，或横或直，首先要能够统一，字与字之间，彼此必须相联络、互相关系才好。但是单止统一也不能的，呆板也是不可以的，须当变化才好。若变化得太厉害，乱七八糟，当然不好看。所以必须注意彼此互相联络、互相关系才可以的。

就写字的章法而论，大略如此。说起来虽很简单，却不是一蹴可就的。这需要经验的，多多地练习，多看古人的书法以及碑帖，养成鉴赏艺术的眼光，自己能常去体认，从经验中体会出来，然后才可以慢慢地养成，有所成就。

所谓墨色要怎样才可以？即质料要好，而墨色要光亮才对。还有，印章盖坏了，也是不可以的。盖的地方要位置设中，很落位才对。所谓印章，当然要刻得好，印章上的字须写得好，至于印色，也当然要好的。盖用时，可以盖一颗两颗。

>> 弘一法师书法

印章有圆的方的，大的小的不一，且有种种的区别。如何区别及使用呢？那就要于写字之后再注意盖用，因为它也可以补救写字时章法的不足。

（五）以上所说的，是关于写字的基本法则。可当作一种规矩及准绳讲，不过是一种呆板的方法而已。

写字最好的方法是怎样，用哪种的方法才可以达到顶好顶好的呢？我想诸位一定很热心地要问。

我想了又想，觉得想要写好字，还是要多多地练习，多看碑，多看帖才对，那就自然可以写得好了。

诸位或者要说，这是普通的方法，假如要达到最高的境界须如何呢？我没有办法再回答。曾记得《法华经》有云："是法非思量分别之所能解。"我便借用这句子，只改了一个字，那就是"是字非思量分别之所能解"了。因为世间上无论哪一种艺术，都是非思量分别之所能解的。

即以写字来说，也是要非思量分别才可以写得好的。同时要离开思量分别，才可以鉴赏艺术，才能达到艺术的最上乘的境界。

记得古来有一位禅宗的大师，有一次人家请他上堂说法，当时台下的听众很多，他登台后默默地坐了一会儿以后，即说："说法已毕。"便下堂了。所以，今天就写字而论，讲到这里，我也只好说“谈写字已毕了”。

假如诸位用一张白纸（完全是白的），没有写上一个字，送给教你们写字的法师看，那么他一定说：“善哉，善哉！写得好，写得好！”

诸位听了我所讲的以后，要明白我的意思——学佛法最为要紧。如果佛法学得好，字也可以写得好的。不久会泉法师（闽南佛教界名宿，曾任南普陀住持多年）要在妙释寺讲《维摩经》，诸位有空的时候，要去听讲，要注意研究。经典要多多地参考，才能懂得佛法。

我觉得最上乘的字或最上乘的艺术，在于从学佛法中得来。要从佛法中研究出来，才能达到最上乘的地步。所以，诸位若学佛法有一分的深入，那么字也会有一分的进步，能十分的去学佛法，写字也可以十分的进步。

今天所说的已经很够了。奉劝诸位：以后要勤求佛法，深研佛法。

中西画法之比较

西人之画，以照相片为蓝本，专求形似。中国画以作字为先河，但取神似，而兼言笔法。尝见宋画真迹，无不精妙绝伦。置之西人美术馆，亦应居上乘之列。

中画入手既难，而成就更非易易。自元迄今，称大家者，元则黄、王、倪、吴，明则文、沈、唐、仇、董，国朝则四王及恽、吴，共十五人耳。

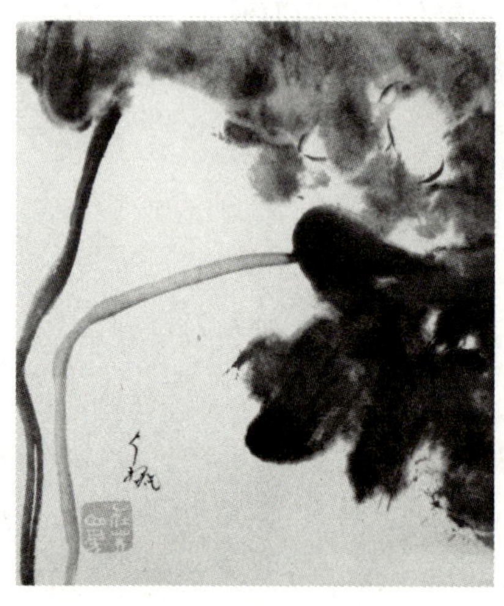

>> 安晚图（鸟石、荷花） 八大山人

>> 花鸟图（双禽、墨梅）
八大山人

使中国大家而改习西画，吾决其不三五年，必可比踪彼国之名手。西国名手倘改习中画，吾决其必不能遽臻绝诣。盖凡学中画而能佳者，皆善书之人。试观石田作画，笔笔皆山谷；瓯香作画，笔笔皆登善。以是类推，他可知矣。若不能书而求画似，夫岂易得哉！是以日本习汉画者极多，不但无一大家，即求一大名家而亦不可得，职此之故，中国画亦分远近。唯当其作画之点，必删除目前一段境界，专写远景耳；西画则不同，但将目之所见者，无论远近，一齐画出，聊代一幅风景照片而已。故无作长卷者。余尝戏谓，看手卷画，犹之走马看山。此种画法，为吾国所独具之长，不得以不合画理斥之。

第三章　野性为客，禅心是家

何为佛法（一）

我至贵地，可谓奇巧因缘。本拟住半月返厦。因变住此，得与诸君相晤，甚可喜。

先略说佛法大意。

佛法以大菩提心为主。菩提心者，即是利益众生之心。故信佛法者，须常抱积极之大悲心，发救济一切众生之大愿，努力作利益众生之种种慈善事业。乃不愧为佛教徒之名称。

若专修净土法门者，尤应先发大菩提心。否则他人谓佛法是消极的、厌世的、送死的。若发此心者，自无此误会。

至于作慈善事业，尤要。既为佛教徒，即应努力作利

>> 古人绘线稿观音像

>> 古人绘观音菩萨

益社会之种种事业。乃能令他人了解佛教是救世的、积极的。不起误会。

或疑经中常言空义，岂不与前说相反。

今案大菩提心，实具有悲智二义。悲者如前所说。智者不执着我相，故曰空也。即是以无我之伟大精神，而做种种之利生事业。

若解此意，而知常人执着我相而利益众生者，其能力薄、范围小、时不久、不彻底。若欲能力强、范围大、时间久、最彻底者，必须学习佛法，了解悲智之义，如是所作利生事业乃能十分圆满也。故知所谓空者，即是于常人所执着之我见，打破消灭，一扫而空。然后以无我之精神，努力切实作种种之事业。亦犹世间行事，先将不良之习惯等一一推翻，然后良好建设乃得实现也。

今能了解佛法之全系统及其真精神所在，则常人谓佛教是迷信是消极者，固可因此而知其不当。即谓佛教为世界一切宗教中最高尚之宗教，或谓佛法为世界一切哲学中最玄妙之哲学者，亦未为尽理。

因佛法是真能：说明人生宇宙之所以然。

>> 芦雁图 八大山人

破除世间一切谬见，而与以正见。破除世间一切迷信，而与以正信。恶行，而与以正行。幻觉，而与以正觉。

包括世间各教各学之长处，而补其不足。

广被一切众生之机，而无所遗漏。

不仅中国，现今如欧美诸国人，正在热烈地研究及提倡。出版之佛教书籍及杂志等甚多。

故望已为佛教徒者，须彻底研究佛法之真理，而努力实行，俾不愧为佛教徒之名。其未信佛法者，亦宜虚心下气，尽力研究，然后于佛法再加以评论。此为余所希望者。

以上略说佛法大意毕。

又当地信士，因今日为菩萨诞，欲请解释南无观世音菩萨之义。兹以时间无多，惟略说之。

南无者，梵语。即皈依义。

菩萨者，梵语，为菩提萨埵之省文。菩提者

觉，萨埵者众生。因菩萨以智上求佛法，以悲下化众生，故称为菩提萨埵。此以悲智二义解释，与前同也。

观世音者，为此菩萨之名。亦可以悲智二义分释。如《楞严经》云：由我观听十方圆明，故观音名遍十方界。约智言也。如《法华经》云：苦恼众生一心称名，菩萨即时观其音声，皆得解脱，以是名观世音。约悲言也。

（本文为弘一法师1938年7月16日讲于漳州七宝寺）

何为佛法（二）

欲挽救今日之世道人心，人皆知推崇佛法。但对于佛法而起之疑问，亦复不少。故学习佛法者，必先解释此种疑问，然后乃能着手学习。

以下所举十疑及解释，大半采取近人之说而叙述之，非是讲者之创论。所疑固不限此，今且举此十端耳。

>> 荷花　八大山人

一、佛法非迷信

近来知识分子，多批评佛法谓之迷信。

我辈详观各地寺庙，确有特别之习惯及通俗之仪式，又将神仙鬼怪等混入佛法之内，谓是佛法正宗。既有如此奇异之现相，也难怪他人谓佛法是迷信。

但佛法本来面目则不如此，决无崇拜神仙鬼怪等事。其仪式庄严，规矩整齐，实超出他种宗教之上。又佛法能破除世间一切迷信而与以正信，岂有佛法即是迷信之理。

故知他人谓佛法为迷信者，实由误会。倘能详察，自不至有此批评。

二、佛法非宗教

或有人疑佛法为一种宗教，此说不然。

佛法与宗教不同，近人著作中常言之，兹不详述。应知佛法实不在宗教范围之内也。

三、佛法非哲学

或有人疑佛法为一种哲学，此说不然。

哲学之要求，在求真理，以其理智所推测而得之某种条件即谓为真理。其结果，有一元、二元、唯心种种之说。甲以为理在此，乙以为理在彼，纷纭扰攘，相非相谤。但彼等无论如何尽力推测，总不出于错觉一途。譬如盲人摸象，其生

平未曾见象之形状，因其所摸得象之一部分，即谓是为象之全体。故或摸其尾便谓象如绳，或摸其背便谓象如床，或摸其胸便谓象如地。虽因所摸处不同而感觉互异，总而言之，皆是迷惑颠倒之见而已。

若佛法则不然，譬如明眼人能亲见全象，十分清楚，与前所谓盲人摸象者迥然不同。因佛法须亲证“真如”，了无所疑，决不同哲学家之虚妄测度也。

何谓“真如”之意义？真真实实，平等一如，无妄情，无偏执，离于意想分别，即是哲学家所欲了知之宇宙万有之真相及本体也。夫哲学家欲发明宇宙万有之真象及本体，其志诚为可嘉。第太无方法，致罔废心力而终不能达到耳。

以上所说之佛法非宗教及哲学，仅略举其大概。若欲详知者，有南京支那内学院出版之《佛法非宗教非哲学》一卷，可自详研，即能洞明其奥义也。

四、佛法非违背于科学

常人以为佛法重玄想，科学重实验，遂谓佛法违背于科学。此说不然。

近代科学家持实验主义者，有两种意义。

一是根据眼前之经验，彼如何即还彼如何，毫不加以玄想。

二是防经验不足恃，即用人力改进，以补通常经验之不足。

佛家之态度亦尔，彼之“戒”“定”“慧”三无漏学，皆是改进通常之经验。但科学之改进经验重在客观之物件，佛法之改进经验重在主观之心识。如人患目病，不良于视，科学只知多方移置其物以求一辨，佛法则努力医治其眼以求复明。两者虽同为实验，但在治标治本上有不同耳。

关于佛法与科学之比较，若欲详知者，乞阅上海开明书店代售之《佛法与科学之比较研究》。著者王小徐，曾留学英国，在理工专科上迭有发见，为世界学者所推重。近以其研究理工之方法，创立新理论解释佛学，因著此书也。

>> 猫石　八大山人

五、佛法非厌世

常人见学佛法者，多居住山林之中，与世人罕有往来，遂疑佛法为消极的、厌世的。此说不然。

学佛法者，固不应迷恋尘世以贪求荣华富贵，但亦决非是冷淡之厌世者。因学佛法之人皆须发

>> 荷花双凫图
八大山人

"大菩提心"，以一般人之苦乐为苦乐，抱热心救世之弘愿，不惟非消极，乃是积极中之积极者。虽居住山林中，亦非贪享山林之清福，乃是勤修"戒""定""慧"三学以预备将来出山救世之资具耳。与世俗青年学子在学校读书为将来任事之准备者，甚相似。

由是可知谓佛法为消极厌世者，实属误会。

六、佛法非不宜于国家之兴盛

近来爱国之青年，信仰佛法者少。彼等谓佛法传自印度，而印度因此衰亡，遂疑佛法与爱国之行动相妨碍。此说不然。

佛法实能辅助国家，令其兴盛，未尝与爱国之行动相妨碍。印度古代有最信仰佛法之国王，如阿育王、戒日王等，以信佛故，而统一兴盛其国家。其后婆罗门等旧教复兴，佛法渐无势力，而印度国家乃随之衰亡，其明证也。

七、佛法非能灭种

常人见僧尼不婚不嫁，遂疑人人皆信佛法必致灭种。此说不然。

信佛法而出家者，乃为僧尼，此实极少之数。此外大多数之在家信佛法者，仍可婚嫁如常。佛法中之僧尼，与他教之牧师相似，非是信徒皆应为牧师也。

八、佛法非废弃慈善事业

常人见僧尼惟知弘扬佛法，而于建立大规模之学校、医院、善堂等利益社会之事未能努力，遂疑学佛法者废弃慈善事业。此说不然。

依佛经所载，布施有二种，一曰财施，二曰法施。出家之佛徒，以法施为主，故应多致力于弘扬佛法，而以余力提倡他种慈善事业。若在家之佛徒，则财施与法施并重，故在家居士多努力作种种慈善事业，近年以来各地所发起建立之佛教学校、慈儿院、医院、善堂、修桥、造凉亭乃至施米、施衣、施钱、施棺等事，皆时有所闻，但不如他教仗外国慈善家之财力所经营者规模阔大耳。

九、佛法非是分利

近今经济学者，谓人人能生利，则人类生活发达，乃可共享幸福。因专注重于生利。遂疑信仰佛法者，惟是分利而不生利，殊有害于人类，此说亦不免误会。

若在家人信仰佛法者，不碍于职业，士农工商皆可为之。此理易明，可毋庸议。若出家之僧尼，常人观之，似为极端分利而不生利之寄生虫。但僧尼亦何尝无事业，僧尼之事业即是弘法利生。倘能教化世人，增上道德，其间接直接有真实大利益于人群者正无量矣。

>> 石窟造像

十、佛法非说空以灭人世

常人因佛经中说“五蕴皆空”“无常苦空”等，因疑佛法只一味说空。若信佛法者多，将来人世必因之而消灭。此说不然。

大乘佛法，皆说空及不空两方面。虽有专说空时。其实亦含有不空之义。故须兼说空与不空两方面，其义乃为完足。

何谓空及不空。空者是无我，不空者是救世之事业。虽知无我，而能努力作救世之事业，故空而不空。虽努力作救世之事业，而决不执着有

>> 写生图 八大山人

我，故不空而空。如是真实了解，乃能以无我之伟大精神，而作种种之事业无有障碍也。

又若能解此义，即知常人执着我相而作种种救世事业者，其能力薄，范围小，时间促，不彻底。若欲能力强，范围大，时间久，最彻底者，必须于佛法之空义十分了解，如是所做救世事业乃能圆满成就也。

故知所谓空者，即是于常人所执着之我见打破消灭，一扫而空，然后以无我之精神，努力切实作种种之事业。亦犹世间行事，先将不良之习惯等一一推翻，然后良好之建设乃得实现。

信能如此，若云牺牲，必定真能牺牲；若云救世，必定真能救世。由是坚坚实实，勇猛精进而作去，乃可谓伟大，乃可谓彻底。

所以真正之佛法先须向空上立脚，而再向不空上作去。岂是一味说空而消灭人世耶！

以上所说之十疑及释义，多是采取近人之说

而叙述其大意。诸君闻此，应可免除种种之误会。

若佛法中之真义，至为繁广，今未能详说。惟冀诸君从此以后，发心研究佛法，请购佛书，随时阅览，久之自可洞明其义。是为余所厚望焉。

（本文原名《佛学十疑略释》，为弘一法师 1938 年 11 月 27 日讲于福建安海金墩宗祠）

佛法的宗派

关于佛法之种种疑问，前已略加解释。诸君既无所疑惑，思欲着手学习，必须先了解佛法之各种宗派乃可。

原来佛法之目的，是求觉悟，本无种种差别。但欲求达到觉悟之目的地以前，必有许多途径。而在此途径上，自不妨有种种宗派之不同也。

佛法在印度古代时，小乘有各种部执，大乘虽亦分“空”“有”二派，但未别立许多门户。吾国自东汉以后，除将印度所传来之佛法精神完全承受外，并加以融化光大，于中华民族文化之伟大悠远基础上，更开展中国佛法之许多特色。至隋唐时，便渐成就大小乘各宗分立之势。今且举十宗而略述之。

>> 吉藏法师

吉藏法师，中国隋代三论宗的集大成者。他俗姓安，本西域安息人，先世避仇移居南海，住在交广（今越南、广西）一带，后迁居金陵而生吉藏。吉藏博学多识，历受陈、隋、唐三代王室的尊崇。

一、律宗　又名南山宗

唐终南山道宣律师所立。依《法华》《涅槃》经义，而释通小乘律，立圆宗戒体，正属出家人所学，亦明在家五戒、八戒义。

唐时盛，南宋后衰，今渐兴。

>> 安晚图（瓜鼠）
八大山人

二、俱舍宗

依《俱舍论》而立。分别小乘名相甚精，为小乘之相宗。欲学大乘法相宗者固应先学此论，即学他宗者亦应以此为根底，不可以其为小乘而轻忽之也。

陈、隋、唐时盛弘，后衰。

三、成实宗

依《成实论》而立。为小乘之空宗，微似大乘。

六朝时盛，后衰，唐以后殆罕有学者。

以上二宗，即依二部论典而形成，并由印度传至中土。虽号称宗，然实不过二部论典之传持授受而已。

以上二宗属小乘，以下七宗皆是大乘，律宗则介于大小之间。

四、三论宗　又名性宗　又名空宗

三论者，即《中论》《百论》《十二门论》，是三部论皆依《般若经》而造。姚秦时，龟兹国鸠摩罗什三藏法师来此土弘传。

唐初犹盛，以后衰。

五、法相宗　又名慈恩宗　又名有宗

此宗所依之经论，为《解深密经》《瑜伽师地论》等。唐玄奘法师盛弘此宗。又糅合印度十大论师所著之《唯识三十颂》之解释而编纂《成唯识论》十卷，为此宗著名之典籍。此宗最要，无论学何宗者皆应先学此以为根底也。

唐中叶后衰微，近复兴，学者甚盛。

以上二宗，印度古代有之，即所谓“空”“有”二派也。

>> 智者大师

世称“智者大师”或“天台大师”，在中国素有“小释迦”的尊号。字德安，俗姓陈，生于梁武帝大同四年（538年）。祖籍颍川（河南许昌），后迁移到荆州（湖北）华容县。他一生力弘法华精神及龙树教学，并以中国独特的形式加以体系化。由于他博识善辩，深达禅观，陈、隋两朝都对他相当尊重，陈宣帝甚至敬称他为：“佛法雄杰，时匠所宗，训兼道俗。国之望也。”

六、天台宗　又名法华宗

六朝时此土所立，以《法华经》为正依。至隋智者大师时极盛。其教义，较前二宗为玄妙。

隋唐时盛，至今不衰。

七、华严宗　又名贤首宗

唐初此土所立，以《华严经》为依。至唐贤首国师时而盛，至清凉国师时而大备。此宗最为广博，在一切经法中称为教海。

宋以后衰，今殆罕有学者，至可惜也。

八、禅宗

梁武帝时，由印度达摩尊者传至此土。斯宗虽不立文字，直明实相之理体。而有时却假用文字上之教化方便，以弘教法。如《金刚》《楞伽》

>> 小品山水 石涛

二经，即是此宗常所依用者也。

唐宋时甚盛，今衰。

九、密宗　又名真言宗

唐玄宗时，由印度善无畏三藏、金刚智三藏先后传入此土。斯宗以《大日经》《金刚顶经》《苏悉地经》三部为正所依。

元后即衰，近年再兴，甚盛。

在大乘各宗中，此宗之教法最为高深，修持最为真切。常人未尝穷研，辄轻肆毁谤，至堪痛叹。余于十数年前，惟阅密宗仪轨，亦尝轻致疑议。以后阅《大日经疏》，乃知密宗教义之高深，因痛自忏悔。愿诸君不可先阅仪轨，应先习经教，则可无诸疑惑矣。

十、净土宗

始于晋慧远大师，依《无量寿经》《观无量寿佛经》《阿弥陀经》而立。三根普被，甚为简易，极契末法时机。明季时，此宗大盛。至于近世，尤为兴盛，超出各宗之上。

以上略说十宗大概已竟。大半是摘取近人之说以叙述之。

就此十宗中，有小乘、大乘之别。而大乘之中，复有种种不同。吾人于此，万不可固执成见，而妄生分别。因佛法本来平等无二，无有可说，即佛法之名称亦不可得。于不可得之中而建立种种差别佛法者，乃是随顺世间众生以方便建立。因众生习染有浅深，觉悟有先后。而佛法亦依之有种种差别，以适应之。譬如世间患病者，其病症千差万别，须有多种药品以适应之，其价值亦低昂不等。不得仅尊其贵价者，而废其他廉价者。所谓药无贵贱，愈病者良。佛法亦尔，无论大小权实渐顿显密，能契机者，即是无上妙法也。故法门虽多，吾人宜各择其与自己根机相契合者而研习之，斯为善矣。

（本文原名《佛学宗派大概》，为弘一法师 1938 年 11 月 28 日讲于福建安海金墩宗祠）

>> 枯木寒鸦图　八大山人

万般滋味皆善恶

佛法宗派大概，前已略说。

或谓高深教义，难解难行，非利根上智不能承受。若我辈常人欲学习佛法者，未知有何法门，能使人人易解，人人易行，毫无困难，速获实益耶？

案佛法宽广，有浅有深。故古代诸师，皆判“教相”以区别之。依唐圭峰禅师所撰《华严原人论》中，判立五教：

一、人天教

二、小乘教

三、大乘法相教

四、大乘破相教

五、一乘显性教

以此五教，分别浅深。若我辈常人易解易行者，惟有“人天教”也。其他四教，义理高深，甚难了解。即能了解，亦难实行。故欲普及社会，又可补助世法，以挽救世道人心，应以“人天

>> 安海金墩宗祠正厅

弘一法师曾在福建安海金墩宗祠讲演《佛法学习初步》。

教”最为合宜也。

人天教由何而立耶？

常人醉生梦死，谓富贵贫贱吉凶祸福皆由命定，不解因果报应。或有解因果报应者，亦惟知今生之现报而已。若如是者，现生有恶人富而善人贫，恶人寿而善人夭，恶人多子孙而善人绝嗣，是何故欤？因是佛为此辈人，说三世业报，善恶因果，即是人天教也。今就三世业报及善恶因果分为二章详述之。

一、三世业报

三世业报者，现报、生报、后报也。

1. 现报：今生作善恶，今生受报。

2. 生报：今生作善恶，次一生受报。

3. 后报：今生作善恶，次二三生乃至未来多生受报。

由是而观，则恶人富、善人贫等，决不足怪。吾人惟应力行善业，即使今生不获良好之果报，来生再来生等必能得之。万勿因行善而反遇逆境，遂妄谓行善无有果报也。

二、善恶因果

善恶因果者，恶业、善业、不动业此三者是其因，果报有六，即六道也。

恶业善业，其数甚多，约而言之，各有十种，如下所述。不动业者，即修习上品十善，复能深修禅定也。

今复举恶业、善业别述如下：

恶业有十种。

1. 杀生
2. 偷盗
3. 邪淫
4. 妄言
5. 两舌
6. 恶口
7. 绮语
8. 悭贪
9. 嗔恚
10. 邪见

>> 释迦牟尼造像

释迦牟尼佛（公元前565年～公元前486年）大约与我国孔子同时代。他是古印度北部迦毗罗卫国（今尼泊尔境内）的王子，属刹帝利种姓。据佛经记载，释迦牟尼在19岁时，有感于人世生、老、病、死等诸多苦恼，舍弃王族生活，出家修行。35岁时，他在菩提树下大彻大悟，遂开启佛教，随即在印度北部、中部恒河流域一带传教。年八十，在拘尸那迦城示现涅槃。

造恶业者，因其造业重轻，而堕地狱、畜生、鬼道之中。受报既尽，幸生人中，犹有余报。今依《华严经》所载者，录之如下。若诸“论”中，尚列外境多种，今不别录。

1. 杀生：短命、多病
2. 偷盗：贫穷、其财不得自在
3. 邪淫：妻不贞良、不得随意眷属
4. 妄言：多被诽谤、为他所诳

5. 两舌：眷属乖离、亲族弊恶

6. 恶口：常闻恶声、言多诤讼

7. 绮语：言无人受、语不明了

8. 悭贪：心不知足、多欲无厌

9. 嗔恚：常被他人求其长短、恒被于他之所恼害

10. 邪见：生邪见家、其心谄曲

善业有十种。下列不杀生等，止恶即名为善。复依此而起十种行善，即救护生命等也。

1. 不杀生：救护生命

2. 不偷盗：给施资财

3. 不邪淫：遵修梵行

4. 不妄言：说诚实言

5. 不两舌：和合彼此

6. 不恶口：善言安慰

7. 不绮语：作利益语

8. 不悭贪：常怀舍心

9. 不嗔恚：恒生慈悯

10. 不邪见：正信因果

造善业者，因其造业轻重而生于阿修罗人道欲界天中。所感之余报，与上所列恶业之余报相反。如不杀生则长寿无病等类推可知。

由是观之，吾人欲得诸事顺遂，身心安乐之果报者，应先力修善业，以种善因。若惟一心求好果报，而决不肯种少许善因，是为大误。譬如

>> 陕西西安慈恩寺大雁塔

慈恩寺大雁塔又名大慈恩寺塔。唐高宗永徽三年（652 年）玄奘法师为供奉从印度取回的佛像、舍利和梵文经典，在慈恩寺的西塔院建起一座五层砖塔。后在武则天长安年间改建为七层。大雁塔通高 64.5 米，塔体为方形锥体，造型简洁，气势雄伟，是我国佛教建筑艺术中不可多得的杰作。

农夫，欲得米谷，而不种田，人皆知其为愚也。

故吾人欲诸事顺遂，身心安乐者，须努力培植善因。将来或迟或早，必得良好之果报。古人云："祸福无不自己求之者"，即是此意也。

以上所说，乃人天教之大义。

惟修人天教者，虽较易行，然报限人天，非是出世。故古今诸大善知识，尽力提倡"净土法门"，即前所说之《佛法宗派大概》中之"净土宗"。令无论习何教者，皆兼学此"净土法门"，即能获得最大之利益。"净土法门"虽随宜判为"一乘圆教"，但深者见深，浅者见浅，即惟修人天教者亦可兼学，所谓"三根普被"也。

在此讲说三日已竟。以此功德，惟愿世界安宁，众生欢乐，佛日增辉，法轮常转。

（本文原名《佛法学习初步》，为弘一法师1938年11月29日讲于福建安海金墩宗祠）

修身的三件小事

我到永春的因缘，最初发起，在三年之前。性愿老法师常常劝我到此地来，又常提起普济寺是如何如何的好。

>> 芦雁荷花图　八大山人

两年以前的春天，我在南普陀讲律圆满以后，妙慧师便到厦门请我到此地来。那时因为学律的人要随行的太多，而普济寺中设备未广，不能够收容，不得已而中止。是为第一次欲来未果。

是年的冬天，有位善兴师，他持着永春诸善友一张请帖，到厦门万石岩去，要接我来永春。那时因为已先应了泉州草庵之请，故不能来永春。是为第二次欲来未果。

去年的冬天，妙慧师再到草庵来接。本想随请前来，不意过泉州时，又承诸善友挽留，不得已而延

>> 山水 八大山人

期至今春。是为第三次欲来未果。

直至今年半个月以前，妙慧师又到泉州劝请，是为第四次。因大众既然有如此的盛意，故不得不来。其时在泉州各地讲经，很是忙碌，因此又延搁了半个多月。今得来到贵处，和诸位善友相见，我心中非常的欢喜。自三年前就想到此地来，屡次受了事情所阻，现在得来，满其多年的夙愿，更可说是十分的欢喜了。

今天承诸位善友请我演讲。我以为谈玄说妙，虽然极为高尚，但于现在行持终觉了不相涉。所以今天我所讲的，且就常人现在即能实行的，约略说之。

因为专尚谈玄说妙，譬如那饥饿的人，来研究食谱，虽山珍海错之名，纵横满纸，如何能够充饥。倒不如现在得到几种普通的食品，即可入口，得充一饱，才于实事有济。

以下所讲的，分为三段。

一、深信因果

因果之法，虽为佛法入门的初步，但是非常的重要，无论何人皆须深信。何谓因果？因者好比种子，下在田中，将来可以长成为果实。果者譬如果实，自种子发芽，渐渐地开花结果。

我们一生所作所为，有善有恶，将来报应不出下列：

桃李种：长成为桃李——作善报善

荆棘种：长成为荆棘——作恶报恶

所以我们要避凶得吉，消灾得福，必须要厚植善因，努力改过迁善，将来才能够获得吉祥福德之好果。如果常作恶因，而要想免除凶祸灾难，哪里能够得到呢？

所以第一要劝大众深信因果了知善恶报应，一丝一毫也不会差的。

二、发菩提心

“菩提”二字是印度的梵语，翻译为“觉”，也就是成佛的意思。发者，是发起，故发菩提心者，便是发起成佛的心。为什么要成佛呢？为利益一切众生。须如何修持乃能成佛呢？须广修一切善行。以上所说的，要广修一切善行，利益一切众生，但须如何才能够彻底呢？须不着我相。所以发菩提心的人，应发以下之三种心：

>> 永春桃源殿全景

弘一法师在永春桃源殿作题为《佛教之简易修持法》之讲演，由人记录并整理，后在当地印行流传。

1. 大智心：不着我相，此心虽非凡夫所能发，亦应随分观察。

2. 大愿心：广修善行。

3. 大悲心：救众生苦。

又发菩提心者，须发以下所记之四弘誓愿：

1. 众生无边誓愿度：菩提心以大悲为体，所以先说度生。

2. 烦恼无尽誓愿断：愿一切众生，皆能断无尽之烦恼。

3. 法门无量誓愿学：愿一切众生，皆能学无量之法门。

4. 佛道无上誓愿成：愿一切众生，皆能成无上之佛道。

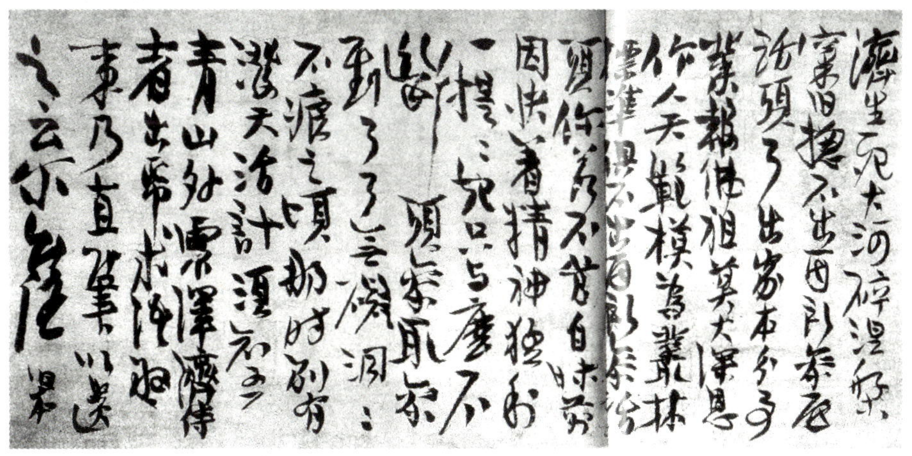

>> 中峰明本书济侍者警策

中峰明本（1263–1323），元代临济宗僧。杭州钱塘（浙江杭县）人，俗姓孙。又称智觉禅师、普应国师。幼于天目山参谒高峰原妙。24岁从高峰出家，其后并嗣其法。自此居无定所，或泊船中，或止庵室，自称幻住道人，僧俗瞻礼之，世誉为江南古佛。元仁宗曾招请入内殿，师固辞不受，仅受锦袈裟及"佛慈圆照广慧禅师"之号，元英宗且皈依之。后于至治三年（1323年）八月圆寂，世寿六十一。遗有《天目中峰和尚广录》三十卷，其墨迹亦著称于世。

或疑烦恼以下之三愿，皆为我而发，如何说是愿一切众生？这里有两种解释：一就浅来说，我也就是众生中的一人，现在所说的众生，我也在其内。再进一步言，真发菩提心的，必须彻悟法性平等，决不见我与众生有什么差别，如是才能够真实和菩提心相应。所以现在发愿，说愿一切众生，有何妨耶！

三、专修净土

既然已经发了菩提心，就应该努力地修持。但是佛所说的法门很多，深浅难易，种种不同。若修持的法门与根器不相契合的，用力多而收效少。倘与根器相契合的，用力少而收效多。在这末法之时，大多数众生的根器，和哪一种法门最相契合呢？说起来只有净土宗。因为泛泛修其他法门的，在这五浊恶世，无佛应现之时，很是困

难。若果专修净土法门，则依佛大慈大悲之力，往生极乐世界，见佛闻法，速证菩提，比较容易得多。所以龙树菩萨曾说，前为难行道，后为易行道，前如陆路步行，后如水道乘船。

关于净土法门的书籍，可以首先阅览者，《初机净业指南》《印光法师嘉言录》《印光法师文钞》等。依此就可略知净土法门的门径。

近几个月以来，我在泉州各地方讲经，身体和精神都非常疲劳。这次到贵处来，匆促演讲，不及预备，所以本说的未能详尽。希望大众原谅。

（本文原名《佛法之简易修持法》，为弘一法师讲于永春桃源殿）

不做应酬和尚

佛教养正院已办有四年了。诸位同学初来的时候，身体很小，经过四年之久，身体皆大起来了，有的和我也差不多。啊！光阴很快。人生在世，自幼年至中年，自中年至老年，虽然经过几十年之光景，实与一会儿差不多。就我自己而论，我的年纪将到六十了，回想从小孩子的时候起到现在，种种经过如在目前；啊！我想我以往经过的情形，只有一句话可以对诸位说，就是“不堪回首”而已。

我常自来想，啊！我是一个禽兽吗？好像不是，因为我还是一个人身。我的天良丧尽了吗？好像还没有，因为我尚有一线天良常常想念自己的过失。我从小孩子起一直到现在都埋头造恶吗？好像也不是，因为我小孩子的时候，常行袁了凡的《功过格》，三十岁以后，很注意于修养，初出家时，也不是没有道心。虽然如此，但出家以后一直到现在，便大不同了：因为出家以后

二十年之中，一天比一天堕落，身体虽然不是禽兽，而心则与禽兽差不多。天良虽然没有完全丧尽，但是昏愦糊涂，一天比一天厉害，抑或与天良丧尽也差不多了。讲到埋头造恶的一句话，我自从出家以后，恶念一天比一天增加，善念一天比一天退失，一直到现在，可以说是醇乎其醇的一个埋头造恶的人，这个也无须客气也无须谦让了。

>> 墨荷图　八大山人

就以上所说看起来，我从出家后已经堕落到这种地步，真可令人惊叹；其中到闽南以后十年的工夫，尤其是堕落的堕落。去年春间曾经在养正院讲过一次，所讲的题目，就是“南闽十年之梦影”，那一次所讲的，字字之中，都可以看到我的泪痕。诸位应当还记得吧。

可是到了今年，比去年更不像样子了；自从正月二十到泉州，这两个月之中，弄得不知所云。不只我自己看不过去；就是我的朋友也说我以前如闲云野鹤，独往独来，随意栖止，何以近来竟大改常度，到处演讲，常常见客，时时宴会，简直变成一个“应酬的和尚”了，这是我的朋友所讲的。啊！

“应酬的和尚”这五个字，我想我自己近来倒很有几分相像。

如是在泉州住了两个月以后，又到惠安到厦门到漳州，都是继续前稿；除了利养，还是名闻，除了名闻，还是利养。日常生活，总不在名闻利养之外，虽在瑞竹岩住了两个月，稍少闲静，但是不久，又到祈保亭冒充善知识，受了许多的善男信女的礼拜供养，可以说是惭愧已极了。

九月又到安海，住了一个月，十分的热闹。近来再到泉州，虽然时常起一种恐惧厌离的心，但是仍不免向这一条名闻利养的路上前进。可是近来也有件可庆幸的事，因为我近来得到永春十五岁小孩子的一封信。他劝我以后不可常常宴会，要养静用功；信中又说起他近来的生活，如吟诗、赏月、看花、静坐等，洋洋千言的一封信。啊！他是一个十五岁的小孩子，竟有如此高尚的思想，正当的见解；我看到他这一封信，真是惭愧万分了。我自从得到他的信以后，就以十分坚决的心，谢绝宴会，虽然得罪了别人，也不管他，这个也可算是近来一件可庆幸的事了。

虽然是如此，但我的过失也太多了，可以说是从头至足，没有一处无过失，岂只谢绝宴会，就算了结了吗？尤其是今年几个月之中，极力冒充善知识，实在是太为佛门丢脸。别人或者能够原谅我；但我对我自己，绝不能够原谅，断不能

>> 应县木塔

应县木塔建于辽清宁二年（1056年），金明昌六年（1195年）增修完毕，是我国现存最高最古老的一座木结构塔式建筑，也是唯一一座真正具有多层使用空间的木结构楼阁式塔。

如此马马虎虎地过去。所以我近来对人讲话的时候，绝不顾惜情面，决定赶快料理没有了结的事情，将“法师”“老法师”“律师”等名目，一概取消，将学人侍者等一概辞谢；孑然一身，遂我初服，这个或者亦是我一生的大结束了。

啊！再过一个多月，我的年纪要到六十了。像我出家以来，既然是无惭无愧，埋头造恶，所以到现在所做的事，大半支离破碎不能圆满，这个也是份所当然。只有对于养正院诸位同学，相处四年之久，有点不能忘情；我很盼望养正院从此以后，能够复兴起来，为全国模范的僧学院。

可是我的年纪老了，又没有道德学问，我以后对于养正院，也只可说“爱莫能助”了。

啊！与诸位同学谈得时间也太久了，且用古人的诗来作临别赠言。诗云：

未济终焉心缥渺　万事都从缺陷好

吟道夕阳山外山　古今谁免余情绕

（本文原名《最后之□□》，为弘一法师 1938 年 11 月 14 日讲于南普陀寺教养正院同学会）

吃苦是为了不再吃苦

佛教传入中国，已有一千九百多年的历史，所以佛教与中国的关系非常密切。中国的文化、习俗，影响佛教，佛教也影响了中国文化习俗，佛教已成为我们自己的佛教。但佛教是来于印度，印度的文化特色，有些是中国人所不易明了的，受了中国习俗的影响，有些是不合佛教的本意的，所以佛教在中国，信佛法的与不相信佛法的人，对于佛教，每每有些误会，不明佛教本来的意义，发生错误的见解，因此相信佛法的人，不能正确的信仰，批评佛教的人，也不会批评到佛教本身。我觉得信仰佛教或者怀疑评论佛教的人，对于佛教的误解应该先要除去，才能真正地认识佛教。现在先提出几种重要点来说，希望大家能有正确的见解。

佛法的道理很深，有的人不明白深义，只懂得表面文章，随便听了几个名词，就这么讲，那么说，结果不合佛教本来的意思。最普遍的，如："人生是苦""出世间""一切皆空"等名词，这些当然是佛说的，而且是佛教重要的理论，但一般人很少能正确了解它，现在分别来解说：

（一）"人生是苦"

佛指示我们，这个人生是苦的。不明白其中的真义的人，就生起错误的观念，觉得我们这个人生毫无意思，因而引起消极悲观，对于人生应该怎样努力向上，就缺乏力量，这是种被误解得最普遍的，社会一般每拿这消极悲观的名词，来批评佛教，而信仰佛教的，也每陷于消极悲观的错误，其实"人生是苦"这句话，绝不是那样的意思。

凡是一种境界，我们接触的时候，生起一种不合自己意趣的感受，引起苦痛忧虑，如以这个意思来说苦，说人都是苦的，是不够的，为什么呢？因为人生也有很多快乐事情，听到不悦耳的声音固然讨厌，可是听了美妙的音调，不就是欢喜吗？身体有病，家境困苦，亲人别离，当言是痛苦，然而身体健康，经济富裕，合家团圆，不是很快乐吗？无论什么事，苦乐都是相对的，假如遇到不如意的事，就说人生是苦，岂非偏见了。

那么，佛说人生是苦，这苦是什么意义呢？经上说："无常故苦"。一切都无常，都会变化，佛就以无常变化的意思说人生都是苦的。譬如身

体健康并不永久，会慢慢衰老病死，有钱的也不能永远保有，有时候也会变穷，权位势力也不会持久，最后还是会失掉。以变化无常的情形看来，虽有喜乐，但不永久，没有彻底，当变化时，苦痛就来了。所以佛说人生是苦，苦是有缺陷，不永久，没有彻底的意思。学佛的人，如不了解真义，以为人生既不圆满彻底，就引起消极悲观的态度，这是不对的。真正懂得佛法的，看法就完全不同，要知道佛说人生是苦这句话，是要我们知道现在这人生是不彻底、不永久的，知道以后可以造就一个永久圆满的人生。等于病人，必须先知道有病，才肯请医生诊治，病才会除去，身

>> 1920 年摄于杭州

体就恢复健康一样。为什么人生不彻底不永久而有苦痛呢？一定有苦痛的原因存在，知道了苦的原因，就会尽力把苦因消除，然后才可得到彻底圆满的安乐。所以佛不单单说人生是苦，还说苦有苦因，把苦因除了就可得到究竟安乐。学佛的应照佛所指示的方法去修学，把这不彻底不圆满的人生改变过来，成为一个究竟圆满的人生。这个境界，佛法叫作“常乐我净”。

“常”是永久，“乐”是安乐，“我”是自由自在，净是纯洁清净。四个字合起来，就是永久的安乐，永久的自由，永久的纯洁。佛教最大的目标，不单说破人生是苦，而是主要的在于将这苦的人生改变过来，（佛法名为“转依”）造成为永久安乐、自由自在、纯洁清净的人生。指示我们苦的原因在哪里，怎样向这目标努力去修持。“常乐我净”的境地，即是绝对的最有希望的理想境界，是我们人人都可达到的。这样怎能说佛教是消极悲观呢？

虽然，学佛的不一定能够人人都得到这顶点的境界，但知道了这个道理，真是好处无边。如一般人在困苦的时候，还知努力为善；等到富有起来，一切都忘记，只顾自己享福，糊糊涂涂走向错路。学佛的，不只在困苦时知道努力向上，就是享乐时也随时留心，因为快乐不是永久可靠，不好好向善努力，很快会堕落失败的。人生是苦，

可以警觉我们不至于专门研究享受而走向错误的路，这也是佛说人生是苦的一项重要意义。

（二）“出世”

佛法说有世间、出世间，可是很多人误会了，以为世间就是我们住的那个世界，出世间就是到另外什么地方去，这是错了，我们每个人在这个世界，就是出了家也在这个世界。得道的阿罗汉、菩萨、佛都是出世间的圣人，但都是在这个世界救渡我们，可见出世间的意思，并不是跑到另外一个地方去。

那么佛教所说的世间与出世间是什么意思呢？依中国向来所说，“世”有时间性的意思，如三十年为一世，西洋也有这个意思，叫一百年为世纪。所以世的意思就是有时间性的，从过去到现在，现在到未来，在这一时间之内的叫“世间”。佛法也如此，可变化的叫世，在时间之中，从过去到现在，现在到未来，有到没有，好到坏，都是一直变化，变化中的一切，都叫世间。还有，世是蒙蔽的意思，一般人不明过去、现在、未来三世的因果，不知道从什么地方来、要怎样做人、死了要到那里去，不知道人生的意义、宇宙的本性，糊糊涂涂在这三世因果当中，这就叫作“世间”。

怎样才叫出世呢？出是超过或胜过的意思，

>> 荷花翠鸟图　八大山人

能修行佛法，有智慧，通达宇宙人生的真理，心里清净，没有烦恼，体验永恒真理就叫“出世”。佛菩萨都是在这个世界，但他们都是以无比智慧通达真理，心里清净，不像普通人一样。所以“出世间”这个名词，是要我们修学佛法的，进一步能做到人上之人，从凡夫做到圣人，并不是叫我们跑到另外一个世界去。不了解佛法出世的意义的人，误会佛教是逃避现实，因而引起不正当的批评。

>>墨花 八大山人

（三）“一切皆空”

佛说一切皆空，有些人误会了，以为这样也空，那样也空，什么都空，什么都没有，横竖是没有，无意义，这才坏事干，好事也不做，糊糊涂涂地看破一点，生活下去就好了。其实佛法之中空的意义，是有着最高的哲理，诸佛菩萨就是悟到空的真理者。空并不是什么都没有，反而是样样都有，世界是世界，人生是人生，苦是苦，乐是乐，一切都是现成的，佛法之中，明显地说到有邪有正、有善有恶、有因有果，要弃邪归正，离恶向善，作善得善果，修行成佛。如果说什么都没有，那我们何必要学佛呢？既然因果善恶，凡夫圣人样样都有，佛为什么说一切皆空？空是什么意义呢？因缘和合而成，没有实在的不变体，叫空。邪正善恶人生，这一切都不是一成不变实在的东西，皆是依因缘的关系才有的，因为是从因缘而产生，所以依因缘的转化而转化，没有实体所以叫空。举一个事实来说吧，譬如个人对着一面镜子，就会有一个影子在镜里，怎会有那个影子呢？

有镜，有人，还要借太阳或灯光才能看出影子，缺少一样便不成，所以影子是种种条件产生的，这不是一件实在的物体，虽然不是实体，但所看到的影子，是清清楚楚并非没有。一切皆空，就是依这个因缘所生的意义而说的，所以佛说一切皆空，同时即说一切因缘皆有，不但要体悟一切皆空，还要知道有因有果，有善有恶。学佛的，要从离恶行善、转迷启悟的学程中去证得空性，即空即有，二谛圆融。一般人以为佛法说空，等于什么都没有，是消极是悲观，这都是由于不了解佛法所引起的误会，非彻底纠正过来不可。

（本文选自弘一法师《切莫误解佛教》）

第四章　明镜澄心，人间晚晴

于无声处听钟

近有人新发明听钟念佛之法，至为奇妙。今略述其方法如下，修净业者，幸试用之；并希以是广为传播焉。

凡座钟挂钟行动之时，若细听之，作丁当丁当之响（丁字响重，当字响轻）。即依此丁当丁当四字，设想作阿弥陀佛四字。或念六字佛者，以第一丁字为“南无”，第一当字为“阿弥”，第二丁字为“陀”，第二当字为“佛”。亦止用丁当丁当四字而成之也。又倘以其转太速，而欲迟缓者。可加一倍，用丁当丁当丁当丁当八字，假想作阿弥陀佛四字，即是每一丁当为一字也。或念六字佛者，以第一丁当为“南无”，第二丁当为“阿弥”，第三丁当为“陀”，第四丁当为“佛”也。所用之钟，宜择丁当丁当速度调匀者用之。又欲其音响轻微者，可以布类覆于其上。（如昼间欲其响大者，将布撤去。夜间欲其音响轻者，将布覆上。）

>> 猫　八大山人

初学念佛者若不持念珠记数，最易懈怠间断。若以此钟时常随身，倘有间断，一闻钟响，即可警觉也。又在家念佛者，居室附近，不免喧闹，若摄心念佛，殊为不易。今以此钟置于身旁，用耳专听钟响，其他喧闹之声，自可不至扰乱其耳也。又听钟工夫能纯熟者，则丁当丁当之响，即是阿弥陀佛之声。钟响佛声，无二无别。钟响则佛声常现矣。

普陀印光法师《覆永嘉论月律师函》云："凡夫之心，不能无依，而娑婆耳根最利。听自念佛之音亦亲切。但初机未熟，久或昏沉，故听钟念之，最为有益也。"

（本文载《世界佛教居士林林刊》第十七期，题上有"论月大师"四字。"论月"即老人别署。老人盛倡此法，而阅者不多，谨录于此。）

掩关

古人掩关皆为专修禅定或念佛，若研究三藏则不限定掩关也。仁者此次掩关，实为难得之机会。应于每日时间，以三分之二专念佛诵经（或默阅但不可生分别心），以三分之一时间温习《戒本》《羯磨》及习世间文字。因机会难可再得，不于此时专心念佛，以后恐无此胜缘。至于研究等

>> 菊花图　八大山人

事，在掩关时虽无甚成绩，将来出关后，尽可缓缓研究也。念佛一事，万不可看得容易，平日学教之人，若令息心念佛，实第一困难之事，但亦不得不勉强而行也。此事至要至要，万不可轻忽。诵经之事可以如常。又每日须拜佛若干拜，既有功德，亦可运动身体也。念佛时亦宜数数经行，因关中运动太少，食物不宜消化，故宜礼拜经行也。念佛之事，一人甚难行，宜与义俊法师协定课程，二人同时行之，可以互相策励，不致懈怠中止也。

课程大致如下：早粥前念佛，出声或默念随意。

早粥后稍休息。礼佛诵经。九时至十一时研究。午饭后休息。二时至四时研究（研究时间每日以四小时为限不可多）。四时半起礼佛诵经。黄昏后专念佛。晚间可以不点灯，惟佛前供琉璃灯可耳。

>> 荷花翠鸟图　八大山人

三年之中，可与义俊法师讲《戒本》及《表记》《羯磨》六遍。每半年讲一遍。自己既能温习，亦能令他人得益。昔南山律祖，尚听律十二遍未尝厌倦，何况吾等钝根之人耶？《戒本》《羯磨》能十分明了，且记忆不忘，将来出关之后，再学《行事钞》等非难事矣。世俗文字略学《四书》及

历史等。《学生字典》宜学全部，但若鲜暇，不妨缺略，因此等事，出关之后仍可学习也。若念佛等，出关之后，恐难继续，惟在关中，能专心也。又在闭关时宜注意者如下：

不可闲谈、不晤客人、不通信（有十分要事，写一纸条交与护关者）。

凡一切事，尽可俟出关后再料理也，时机难得，光阴可贵，念之！念之！

余既无道德，又乏学问。今见仁者以诚恳之意，谆谆请求，故略据拙见拉杂书此，以备采择。性常关主慧察。

受戒

一、三皈之略义

三皈者，皈依于佛法僧三宝也。

三宝义甚广，有种种区别。今且就常人最易了解者，略举之。

佛者，如释迦牟尼佛、阿弥陀佛等诸佛是也。法者，为佛所说之法，或菩萨等依据佛意所说之法，即现今所流传之大小乘经律论三藏也。僧者，如菩萨声闻诸圣贤众、下至仅剃发被袈裟者皆是也。

皈依者，归向依赖之意。

皈依于三宝者，乞三宝救护也。《大方便佛报恩经》云：譬人获罪于王，投向异国以求救护。异国王言，汝来无畏，但莫出我境，莫违

>> 鸟石　八大山人

我教，必相救护，众生亦尔。系属于魔，有生死罪。归向三宝，以求救护。若诚心皈依，更无异向，不违佛教，魔王邪恶，无如之何。

1. 既已皈依于佛，自今以后，决不再依天仙神鬼一切诸外道等。

2. 既已皈依于法，自今以后，决不再依诸外道典籍。

3. 既已皈依于僧，自今以后，绝不再依于不奉行佛法者。

二、授三皈之方法

1. 忏悔。2. 正授三皈。3. 发愿回向。

应先请授者详力解释此三种文义。因仅读文而未解义，不能获诸善法也。

正授三皈之文有多种，常所用者如下：

1. 我某甲，尽形寿，皈依佛、皈依法、皈依僧。（三说）

2. 我某甲，皈依佛竟、皈依法竟、皈依僧竟。（三结）

前三说时，已得皈依善法。后三结者，重更叮咛令不忘失也。

忏悔文及发愿回向文，由授者酌定之。但发愿回向，应有以此功德，回向众生，同生西方，齐成佛道之意。万不可惟求自利也。

>> 枯木孤鸟　八大山人

三、授三皈之利益

经律论中，赞叹皈依三宝功德之文甚多。今略举四则。《灌顶经》云：受三皈者，有三十六善神，与其无量诸眷属，守护其人令其安乐。《善生经》云：若人受三皈，所得果报，不可穷尽。如四大宝藏（四宝者：金、银、琉璃、玻璃），举国人民，七年之中，运出不尽。受三皈者，其福过彼，不可称计。《较量功德经》云：若三千大千世界，满中如来，如稻麻竹苇。若人四事供养（饮食、衣服、卧具、汤药），满二万岁，诸佛灭后，

各起宝塔，复以香花供养，其福甚多，不如有人以清净心，皈依佛法僧三宝所得功德。《大集经》云：妊娠女人，恐胎不安，先授三皈已，儿无加害；乃至生已，身心具足，善神拥护。是母受兼资于子也。

四、结语

在本寺正式讲律，至今日圆满。今日所以聚集缁素诸众，讲三皈大意者，一以备诸师参考，俾他日为人授三皈时，知其简要之方法也。一以教诸在家人，令彼等了知三皈之大意，俾已受者，能了此意，应深自庆幸。其未受者，先能了知此意，且为他日依师受三皈之基础也。

（本文为弘一法师1935年讲于泉州承天寺律仪法会）

敬三宝

三宝者，佛法僧也。其义甚广，今惟举其少分之义耳。

今言佛者，且约佛像而言，如木石等所雕塑及纸画者也。

今言法者，且约经律论等书册而言，或印刷或书写也。

今言僧者，且约当世凡夫僧而言，因菩萨罗汉等附入敬佛门也。

>> 荷石水鸟图　八大山人

一、敬佛　略举常人所应注意者数条

礼佛时宜洗手漱口，至诚恭敬，缓缓而拜，不可急忙，宁可少拜，不可草率。佛几清洁，供香端直，供佛之物，以烹调精美，人所能食者为宜。今多以食物之原料及罐头而供佛者，殊为不敬。蕅益大师《大悲咒行法》中，曾痛斥之。又供佛宜在午前，不宜过午也。供水果亦宜午前。供

>> 双鸟 八大山人

水宜捧奉式。供花，花瓶水宜常换。

纸画之佛像，不可仅以绫裱，恐染蝇粪等秽物也（少蝇者或可）。宜装入玻璃镜中。

木石等雕塑者，小者应入玻璃龛中，大者应作宝盖罩之，并须常拂拭像上之尘土。

凡大殿及供佛之室中，皆不宜踞坐笑谈。如对于国王大臣乃至宾客之前尚应恭敬，慎护威仪，何况对佛像耶！不可佛前晒衣服，宜偏侧。不得在殿前用夜壶水浇花。若卧室中供佛像者，眠时应以净布遮障。

二、敬法 略举常人所应注意者数条

读经之时，必须洗手、漱口、拭几，衣服整齐，威仪严肃，与礼佛时无异。蕅益大师云："展卷如对活佛，收卷如在目前，千遍万遍，寤寐不

忘，如是乃能获读经之实益也。”

对于经典应十分恭敬护持，万不可令其污损。又翻篇时，宜以指腹轻轻翻之，不可以指爪划，又不应折角，若欲记志，以纸片夹入可也。

若经典残缺者亦不可烧。卧室中几上置经典者，眠时应以净布盖之。

附每日诵经时仪式

礼佛——多少不拘。

赞佛——经偈或“天上天下无如佛”等,“阿弥陀佛身金色”等,“炉香乍爇”不是赞佛。

供养——“愿此香华云”等。

读经

回向——不拘，或用“我此普贤殊胜行”等。

>> 荷花游鱼图　八大山人

三、敬僧　略举常人所应注意者数条

凡剃发披袈裟者，皆是释迦佛子。在家人见之，应一例生恭敬心，不可分别持戒破戒。

若皈依三宝时，礼一出家人为师而作证明者，不可妄云皈依某人。因所皈依者为僧，非皈依某一人，应于一切僧众，若贤若愚，生平等心，至

诚恭敬，尊之为师，自称弟子。则与皈依僧伽之义，乃符合矣。

供养僧者亦尔。不可专供有德者，应于一切僧生平等心，普遍供之，乃可获极大之功德也。专赠一人功德小，供众者功德大。

出家人若有过失，在家人闻之，万不可轻言。此为佛所痛诫者，最宜慎之。

以上已略言敬三宝义竟。兹附有告者，厦门、泉州神庙甚多，在家人敬神，每用猪鸡等物。岂知神皆好善而恶杀，今杀猪鸡等物而供神，神不受享，又安能降福而消灾耶？惟愿自今以后，痛革此种习惯，凡敬神时，亦一例改用素食，则至善矣。

（本文为弘一法师1933年6月27日讲于泉州大开元寺）

从细处做来的修养

药师如来法门大略，如大药师寺已印行之《药师如来法门略录》所载。

今所述者，为吾人平常修持简单之课仪。若正式供养法，乃至以五色缕结药叉神将名字法等，将来拟别辑一卷专载其事，今不述及。

欲修持药师如来法门者，应供药师如来像。上海佛学书局有石印彩色之像，可以供奉，宜装入玻璃镜中。供像之处，不可在卧室。若不得已，在卧室中供奉者，睡眠之时，宜以净布覆盖像上。

>> 荷花图　八大山人

药师经，供于几上。不读诵时，宜以净布覆盖。

供佛像之室内，须十分洁净，每日宜扫地，并常常拂拭几案。

供佛之香，须择上等有香气者。

供佛之花，须择开放圆满者，若稍残萎，即除去。花瓶之水，宜每日更换。若无鲜花时，可用纸制者代之。

此外如供净水供食物等，随各人意。但所供食物，须人可食者乃供之，若未熟之水果及未烹调之蔬菜等皆不可供。

以上所举之供物，应于礼佛之前预先供好。凡在佛前供物或礼佛时，必须先洗手漱口。

>> 药师佛与八大菩萨

此外如能悬幡燃灯尤善，无者亦可。

以下略述修持课仪，分为七门。其中礼敬赞叹供养回向发愿，必须行之。诵经持名持咒，可随己意，或惟修二法，或仅修一法，皆可。

一、礼敬

十方三宝一拜，或分礼佛、法、僧三拜。本师释迦牟尼佛一拜。药师琉璃光如来三拜。此外若欲多拜，或兼礼敬其他佛菩萨者，随己意增加。

礼敬之时，须至诚恭敬，缓缓拜起。万不可匆忙。宁可少拜，不可草率。

二、赞叹

礼敬既毕，于佛前长跪合掌，唱赞偈云：

归命满月界，净妙琉璃尊，

法药救人天，因中十二愿，

慈悲弘誓广，愿度诸含生，

我今申赞扬，志心头面礼。

上赞偈出《药师如来消灾除难念诵仪轨》。

唱赞之时，声宜迟缓，宜庄重。

三、供养

赞叹既毕，于佛前长跪合掌，唱供养偈云：

愿此香花云，遍满十方界，

一一诸佛土，无量香庄严，

具足菩萨道，成就如来香。

供养毕，或随己意增诵忏悔文，或可略之。

四、诵经

字音不可讹误，宜详考之。

诵经时，或跪或立，或坐或经行，皆可。

五、持名

先唱赞偈云：

药师如来琉璃光，焰网庄严无等伦，

无边行愿利有情，各遂所求皆不退。

续云，南无东方净琉璃世界药师琉璃光如来。以后即持念药师琉璃光如来名号一百八十遍。若欲多念者，随意。

六、持咒

或据经中译音持念，或别依师学梵文原音持念，皆可。

或念全咒一百八十遍。或先念全咒七遍，继念心咒一百八十遍，后复念全咒七遍。心咒者，即是咒中字以下之文。

未经密宗阿阇黎传授，不可结手印。擅结者，有大罪。

持咒时，不宜大声，惟令自己耳中得闻。

持咒时，以坐为正式，或经行亦可。

七、回向发愿

回向与发愿大同，故今并举。其稍异者，回向须先修功德，再以此功德回向，惟愿如何云云。若先未作功德者，仅可云发愿也。

回向发愿，为修持者最切要之事。若不回向，则前所修之功德，无所归趣。今修持药师如来法门者，回向之愿，各随己意。凡《药师经》中所载者，皆可发之，应详阅经文，自适其宜可耳。

以上所述之修持课仪，每日行一次或二次三次。必须至心诚恳，未可潦草塞责。印光老法师云："有一分恭敬，得一分利益，有十分恭敬，得十分利益。"吾人修持药师如来法门者，应深味斯言，以自求多福也。

以出世的精神做世间的事业

今天所讲，就是深契时机的药师如来法门。我近年来，与人谈及药师法门时，所偏注重的有几样意思，今且举出，略说一下。

药师法门甚为广大，今所举出的几样，殊不足以包括药师法门的全体，亦只说是法门之一斑了。

一、维持世法

佛法本以出世间为归趣，其意义高深，常人每难了解。若药师法门，不但对于出世间往生成佛的道理屡屡言及，就是最浅近的现代实际上人类生活亦特别注重。如经中所说“消灾除难，离苦得乐，福寿康宁，所求如意，不相侵陵，互为饶益”等，皆属于此类。就此可见佛法亦能资助家庭社会的生活，与维持国家世界的安宁，使人类在这现生之中即可得到佛法的利益。

或有人谓佛法是消极的，厌世的，无益于人

类生活的，闻以上所说药师法门亦能维持世法，当不至对于佛法再生种种误解了。

二、辅助戒律

佛法之中，是以戒为根本的，所以佛经说：“若无净戒，诸善功德不生。”但是受戒容易，得戒为难，持戒不犯更为难。今若能依照药师法门去修持力行，就可以得到上品圆满的戒。假使于所受之戒有毁犯时，但能至心诚恳持念药师佛号并礼敬供养者，即可消除犯戒的罪，还得清净，不至再堕落在三恶道中。

>> 弘一法师

1934 年摄于泉州开元寺

三、决定生西

佛法的宗派非常之繁，其中以净土宗最为兴盛。现今出家人或在家人修持此宗，求生西方极乐世界者甚多。但修净土宗者，若再能兼修药师法门，亦有资助决定生西的利益。依《药师经》说：“若有众生能受持八关斋戒，又能听见药师佛名，于其临命终时，有八位大菩萨来接引往西方极乐世界众宝莲花之中。”依此看来，药师虽是东

>> 弘一法师与弟子合影

1939年，大师60岁，驻锡泉州，将去永春习静前，与皈依弟子黄柏居士合影。

方的佛，而也可以资助往生西方，能使吾人获得决定往生西方的利益。

再者，吾人修净土宗的，倘能于现在环境的苦乐顺逆一切放下，无所挂碍，则固至善。但是切实能够如此的，千万人中也难得一二。因为我们是处于凡夫的地位，在这尘世之时，对于身体衣食住处等，以及水火刀兵的天灾人祸，都不能不有所顾虑，倘使身体多病，衣食住处等困难，又或常常遇着天灾人祸的危难，皆足为用功办道的障碍。若欲免除此等障碍，必须兼修药师法门以为之资助，即可得到《药师经》中所说“消灾除难，离苦得乐”等种种利益也。

四、速得成佛

《药师经》，决非专说世间法的。因药师法门，惟是一乘速得成佛的法门。所以经中屡云：“速证无上正等菩提，速得圆满”等。

若欲成佛，其主要的原因，即是“悲智”两种愿心。《药师经》云：“应生无垢浊心，无怒害心，于一切有情起利益安乐慈悲喜舍平等之心”就是这个意思。前两句从反面转说，“无垢浊心”就是智心，“无怒害心”就是悲心。下一句正说，“舍”及“平等之心”就是智心，余属悲心。悲智为因，菩提为果，乃是佛法之通途。凡修持药师法门者，对于以上几句经文，尤宜特别注意，尽力奉行。

假使不如此，仅仅注意在资养现实人生的事，则惟获人天福报，与夫出世间之佛法了无关系。若是受戒，也不能得上品圆满的戒。若是生西，也不能往生上品。

所以我们修持药师法门的，应该把以上几句经文特别注意，依此发起“悲智”的弘愿。假使如此，则能以出世的精神来做世间的事业，也能得上品圆满的戒，也能往生上品，将来速得成佛可无容疑了。

药师法门甚为广大，上所述者，不过是我常

对人讲的几样意思。将来暇时，尚拟依据全部经义，编辑较完备的药师法门著作，以备诸君参考。

最后，再就持念药师佛名的方法，略说一下。念佛名时，应依经文，念曰“南无药师琉璃光如来”，不可念“消灾延寿药师佛”。

（本文为弘一法师 1939 年 5 月讲于永春普济寺）

>> 山水小品　石涛

常随佛学

《华严经·行愿品》末卷所列十种广大行愿中，第八曰常随佛学。若依华严经文所载种种神通妙用，决非凡夫所能随学。但其他经律等，载佛所行事，有为我等凡夫作模范，无论何人皆可随学者，亦屡见之。今且举七事。

一、佛自扫地

《根本说一切有部毗柰耶杂事》云：世尊在逝多林。见地不净，即自执帚，欲扫林中。时舍利子、大目犍连、大迦叶、阿难陀等，诸大声闻，见是事已，悉皆执帚共扫园林。时佛世尊及圣弟子扫除已。入食堂中，就座而坐。佛告诸比丘。凡扫地者有五胜利。一者自心清净。二者令他心清净。三者诸天欢喜。四者植端正业。五者命终之后当生天上。

>> 河南登封少林寺

少林寺有“禅宗祖庭，天下第一名刹”之誉，是中国佛教禅宗祖庭，位于河南登封城西少室山。南北朝时，天竺僧人佛陀到中国，善好禅法，颇得北魏孝文帝礼遇。太和二十年（496 年），敕就少室山为佛陀立寺，供给衣食。寺处少室山林中，故名少林。据佛教传说，禅宗初祖菩提达摩在华以四卷《楞伽经》教授学者，后渡江北上，于寺内面壁九年，传法慧可。此后少林禅法师承不绝，传播海内外。

二、佛自舁（音余，即共扛抬也）弟子及自汲水

《五分律佛制饮酒戒·缘起》云：婆伽陀比丘、以降龙故，得酒醉。衣钵纵横。佛与阿难舁至井边。佛自汲水、阿难洗之等。

三、佛自修房

《十诵律》云：佛在阿罗毗国。见寺门楣损，乃自修之。

四、佛自洗病比丘及自看病

《四分律》云：世尊即扶病比丘起，拭身不净。拭已洗之。洗已复为浣衣晒干。有故坏卧草弃之。

扫除住处，以泥浆涂洒，极令清净。更敷新草，并敷一衣。还安卧病比丘已，复以一衣覆上。

《西域记》云：祇垣东北有塔，即如来洗病比丘处。

又云：如来在日，有病比丘，含苦独处。佛问：汝何所苦？汝何独居？答曰：我性疏懒，不耐看病，故今婴疾，无人瞻视。佛愍而告曰：善男子，我今看汝。

五、佛为弟子裁衣

《中阿含经》云：佛亲为阿那律裁三衣。诸比丘同时为连合，即成。

六、佛自为老比丘穿针

此事知者甚多。今以忘记出何经律，不及检查原文。仅就所记忆大略之义录之。佛在世时，有老比丘补衣。因目昏花，未能以线穿针孔中。乃叹息曰：谁当为我穿针。佛闻之，即立起曰：我为汝穿之等。

七、佛自乞僧举过

是为佛及弟子等结夏安居竟，具仪自恣时也。《增一阿含经》云：佛坐草座（即是离本座，敷草于地而坐也。所以尔者，恣僧举过，舍骄慢故）告诸比丘言：我无过咎于众人乎？又不犯身口意乎？如是至三。

灵芝律师云：如来亦自恣者，示同凡法故，垂范后世故，令众省己故，使折我慢故。

如是七事，冀诸仁者勉力随学。远离骄慢，增长悲心，广植福业，速证菩提。是为余所希愿者耳！

>> 安逸图（双禽）
八大山人

舍身求法

我到闽南，已有十年，来到贵院，也有好几回，一回到院，都觉得有一番进步，这是使我很喜欢的。贵院各种课程，都有可观，其最使我满意赞叹的，就是早晚两堂课诵。古语道：人身难得，佛法难闻。诸生倘非夙有善根，怎得来这里读书，又复得闻佛法哩！今这样，真是好极了。诸生得这难得机缘，应各各起欢喜心，深自庆幸才是。

我今讲本师释迦牟尼佛在因地中为法舍身几段故事给诸位听，现在先引《涅槃经》一段来说。释迦牟尼佛在无量劫前，当无佛法时代，曾作婆罗门，这位婆罗门，品格清高，与众不同，发心访求佛法。那时忉利天王在天宫瞧见，要试此婆罗门，有无真心，化为罗刹鬼，状极凶恶，来与婆罗门说法，但是仅说半偈（印度古代的习惯以四句为一偈）。婆罗门听了罗刹鬼所说的半偈很喜欢，要求罗刹再说后半偈，罗刹不肯。婆罗门力

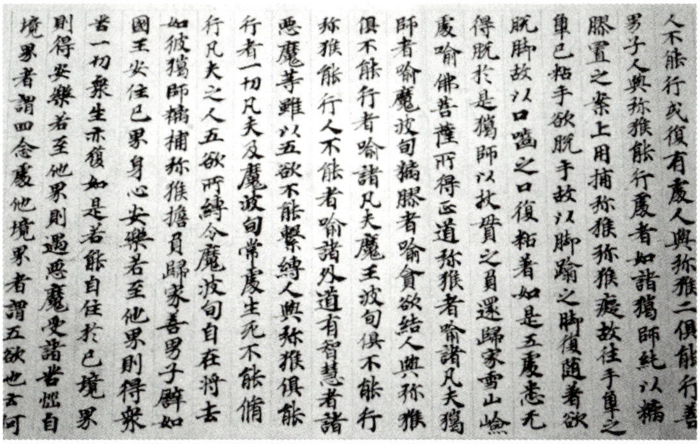
人不能行或復有處人與猕猴二俱能行善
男子人與猕猴能行處者如諸獵師純以黐
膠置之案上用捕猕猴猕猴癡故往手觸之
觸已黏手欲脫手故以脚蹹之脚復隨著欲
脫脚故以口嚙之口復黏着如是五處悉无
得脫於是獵師以杖貫之負還歸家雪山嶮
處喻佛菩薩所得正道猕猴者喻諸凡夫獵
師者喻魔波旬黐膠者喻貪欲結人與猕猴
俱不能行者喻諸凡夫魔王波旬俱不能行
猕猴能行人不能者喻諸外道有智慧者諸
惡魔等雖以五欲不能繫縛人與猕猴俱能
行者一切凡夫及魔波旬常處生死不能脩
行凡夫之人五欲所縛令魔波旬自在將去
如彼獵師黐捕猕猴擔負歸家善男子辟如
國王安住已界身心安樂若至他界則得衆
苦一切衆生亦復如是若能自住於已境界
則得安樂若至他界則遇惡魔受諸苦惱自
境界者謂四念處他境界者謂五欲也云何

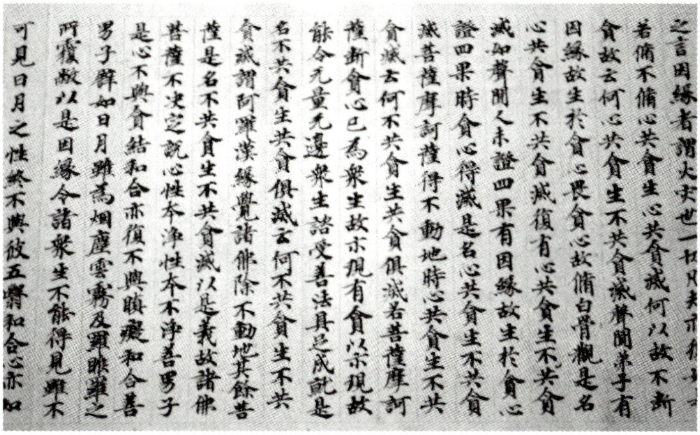
之言因緣者謂大安也一切凡夫亦復
若脩不脩心共貪生心共貪滅何以故不斷
貪故云何心共貪生不共貪滅聲聞弟子有
因緣故生於貪心畏貪心故脩白骨觀是名
心共貪生不共貪滅復有心共貪生不共貪
滅如聲聞人未證四果有因緣故生於貪心
證四果時貪心得滅是名心共貪生不共貪
滅菩薩摩訶薩得不動地時心共貪生不共
貪滅云何不共貪生共貪俱滅若菩薩摩訶
薩斷貪心已為衆生故示現有貪以示現故
能令无量无邊衆生諮受善法具足成就是
名不共貪生共貪俱滅云何不共貪生不共
貪滅謂阿羅漢緣覺諸佛除不動地其餘菩
薩是名不共貪生不共貪滅以是義故諸佛
菩薩不決定說心性本淨性本不淨善男子
是心不與貪結和合亦復不與瞋癡和合善
男子辟如日月雖為烟塵雲霧及羅睺羅之
所覆蔽以是因緣令諸衆生不能得見雖不
可見日月之性終不與彼五翳和合心亦如

求，罗刹便向婆罗门道：“你要我说后半偈，也可以，你应把身上的血给我饮，身上的肉给我吃，才可许你。”婆罗门为求法故，即时答应道：“我甚愿将我身上的血肉给你。”

罗刹以婆罗门既然诚恳地允许，便把后半偈说给他听。婆罗门得闻了后半偈，真觉心满意足，不特自己欢喜，并且把这偈书写在各处，遍传到人间去。婆罗门在各处树木山岩上书写此四句偈

>> 佛教经典

佛教经典又称《大本涅槃经》《大涅槃经》。中国北凉昙无谶译，四十卷。经中说佛身常住不灭，涅槃常乐我净；宣称“一切众生悉有佛性”。一阐提和声闻、辟支佛均得成佛等大乘思想。为大乘佛教前期作品，约于2～3世纪时成书。晋宋时对中国佛学界影响很大，为涅槃学派的本据经典。

后，为维持信用，便想应如何把自己肉血给罗刹吃呢？他就要跑上一棵很高很高的树上，跳跃下来，自谓可以丧了身命，便将血肉给罗刹吃。罗刹那时，看婆罗门不惜身命求法，心中十分感动，当婆罗门在高处舍身跃下，未坠地时，罗刹便现了天王的原形把他接住，这婆罗门因得不死。罗刹原系忉利天王所化，欲试试婆罗门的，今见婆罗门求法如此诚恳，自然是十分欢喜赞叹。若在婆罗门因志求无上正法，虽弃舍身命亦何所顾惜呢！刚才所说：婆罗门如此求法困难，不惜身命。诸位现在不要舍身，而很容易地得闻佛法，真是大可庆幸呀！

还有一段故事，也是《涅槃经》上说。过去无量劫时候，释迦牟尼佛，为一很穷困的人，当时有佛出世，见人皆先供养佛然后求法，已则贫穷无钱可供，他心生一计，愿以身卖钱来供佛，就到大街上去卖自己的身体。当在大街上喊卖身时，恰巧遇一病人，医生叫他每日应吃三两人肉，那病人看见有人卖身，便十分欢喜，因向贫人说："你每日给我三两人肉吃，我可以给你五枚金钱！"这位穷人，听了这话，与那病人商洽说：你先把五枚金钱拿来，我去买东西供养佛，求闻佛法，然后每日把我身上的肉割下给你吃。当时病人应允，即先付金钱。这穷人供佛闻法已毕，即天天以刀割身上的三两肉给病人吃，吃到一个

>> 福建泉州开元寺

1941 年，弘一法师自晋江至泉州，先后在百原寺（铜佛寺）和开元寺小住，在泉州凡二十天，“见客写字，至为繁忙”。适逢开元寺结七念佛，有感于国危，年已 62 岁的弘一法师书：“能誓舍身命，牺牲一切，勇猛精进，救护国家”，以此警句策励众佛家弟子。其后不满一年，弘一法师圆寂。

月，病才痊愈。当穷人每天割肉的时候，他常常念佛所说的偈，精神完全贯注在法的方面，竟如没有痛苦，而且不久他的身体也就平复无恙了。这穷人因求法之故，发心做难行的苦行有如此勇猛。诸生现今在这院里求学，早晚皆得闻佛法，不但每日无须割去若干肉，而且有衣穿，有饭吃，这岂不是很难得的好机缘吗？

再讲一段故事，出于《贤愚经》。释迦牟尼佛在因地时候，有一次身为国王，因厌恶终其身居于国王位，没有什么好处，遂发心求闻佛法。当时来了一位婆罗门，对这国王说：“王要闻法，可能把身体挖一千个孔，点一千盏灯来供养佛吗？若能如此，便可为你说法。”那国王听婆罗门这

>> 泉州开元寺内的弘一法师造像

句话，便慨然对他说："这有何难，为要闻法，情愿舍此身命，但我现有些少国事未了，容我七天，把这国事交下着落，便就实行。"到第七天，国事办完，王便欲在身上挖千个孔，点千盏灯，那时全国人民知道此事，都来劝阻。谓大王身为全国人民所依靠，今若这样牺牲，全国人民将何所赖呢？国王说："现在你们依靠我，我为你们做依靠，不过是暂时，是靠不住的，我今求得佛法，将来成佛，当先度化你们，可为你们永远的依靠，岂不更好，请大家放心，切勿劝阻。”那时国王马上就实行起来。呼左右将身上挖了一千孔，把油盛好，灯心安好，欣然对婆罗门说：“请先说法，然后点灯。”婆罗门答应，就为他说法。国王听了，无限地满足，便把身上一千盏灯，齐点起来，那时万众惊骇呼号。国王乃发大誓愿道：“我为求法，来舍身命，愿我闻法以后，早成佛道，以大智慧光普照一切众生。”这声音一发，天地都震动了，灯光晃耀之下，诸天现前，即问国王：“你身体如此痛苦，你心里也后悔吗？”国王答：“绝不后悔。”后来国王复向空中发誓言：“我这至诚求法之心，果能永久不悔，愿我此身体即刻回复原状。”话说未已，至诚所感，果然身上千个火孔，悉皆平复，并无些少创痕。刚才所说，闻法有如此艰难，诸生现在闻法则十分容易，岂不是诸生有大幸福吗！自今以后，应该发勇猛精进心，勤加修习才是！

以前我曾居住开元寺好几次，即住在贵院的后面，早晚闻诸生念佛念经很如法，音声亦甚好听，每站在房门外听得高兴。因各种课程固好，然其他学校也是有的，独此早晚二堂课诵，是其他学校所无，而贵院所独有的，此皆是贵院诸职教员善于教导，和你们诸位努力，才有这十分美

>> 芋　八大山人

满的成绩，我希望贵院，今后能够继续精进努力不断地进步，规模益扩大，为全国慈儿院模范，这是我最后殷勤的希望。

（本文为弘一法师 1938 年 3 月 13 日讲于泉州开元寺慈儿院）

躬身放生

今日与诸君相见，先问诸君：一、欲延寿否？二、欲愈病否？三、欲免难否？四、欲得子否？五、欲生西否？

倘愿者。今有一最简便易行之法奉告。即是放生也。

古今来，关于放生能延寿等之果报事迹甚多。今每门各举一事，为诸君言之。

一、**延寿**　张从善，幼年，尝持活鱼，刺指痛甚。自念我伤一指，痛楚如是。群鱼剔腮剖腹，断尾剖鳞，其痛如何？特不能言耳。遂尽放之溪中，自此不复伤一物，享年九十有八。

二、**愈病**　杭州叶洪五，九岁时，得恶梦，惊痫，呕血满床，久治不愈。先是彼甚聪颖，家人皆爱之，多与之钱，已积数千缗。至是，其祖母指钱曰："病至不起，欲此何为？"尽其所有，买物放生，及钱尽，病遂全愈矣。

三、**免难**　嘉兴孔某，至一亲戚家。留午餐，

>> 山水小品　八大山人

将杀鸡供馔。孔力止之，继以誓，遂止。是夕宿其家，正捣米，悬石杵于朽梁之上。孔卧其下。更余、已眠。忽有鸡来啄其头，驱去复来，如是者三。孔不胜其扰，遂起觅火逐之。甫离席，而杵坠，正在其首卧处。孔遂悟鸡报恩也。每举以告人，劝勿杀生。

四、**得子**　杭州、杨墅庙，甚有灵感。绍兴人倪玉树，赴庙求子。愿得子日，杀猪羊鸡鹅等谢神。夜梦神告曰，汝欲生子，乃立杀愿何耶？倪叩首乞示。神曰：尔欲有子，物亦欲有子也。

物之多子者莫如鱼虾螺等，尔盍放之！倪自是见鱼虾螺等，即买而投之江。后果连产五子。

五、**生西** 湖南张居士，旧业屠，每早宰猪，听邻寺晓钟声为准。一日忽无声。张问之，僧云：夜梦十一人乞命，谓不鸣钟可免也。张念所欲宰之猪，适有十一子。遂乃感悟。弃屠业，皈依佛法。勤修十余年，已得神通，知去来事。预告命终之日，端坐而逝。经谓上品往生，须慈心不杀，张居士因戒杀而得往生西方，决无疑矣。

以上所言，且据放生之人今生所得之果报。若据究竟而言，当来决定成佛。因佛心者，大慈悲是，今能放生，即具慈悲之心，能植成佛之因也。

放生之功德如此。则杀生所应得之恶报，可想而知，无须再举。因杀生之人，现生即短命、多病、多难、无子及不得生西也。命终之后，先堕地狱、饿鬼、畜生，经无量劫、备受众苦。地狱、饿鬼之苦，人皆知之。至生于畜生中，即常常有怨仇返报之事。昔日杀牛羊猪鸡鸭鱼虾等之人，即自变为牛羊鸡鸭鱼虾等。昔日被杀之牛羊猪鸡鸭鱼虾等，或变为人，而返杀害之。此是因果报应之理，决定无疑，而不能幸免者也。

既经无量劫，生三恶道，受报渐毕。再生人中，依旧短命、多病、多难、无子及不得生西也。以后须再经过多劫，渐种善根，能行放生戒杀诸

善事，又能勇猛精勤忏悔往业，乃能渐离一切苦难也。

抑余又有为诸君言者。上所述杀牛羊猪鸡鸭鱼虾，乃举其大者而言。下至极微细之苍蝇蚊虫臭虫跳蚤蜈蚣壁虎蚁子等，亦决不可害损。倘故意杀一蚊虫，亦决定获得如上所述之种种苦报。断不可以其物微细而轻忽之也。

今日与诸君相见，余已述放生与杀生之果报如此苦乐不同。惟愿诸君自今以后，力行放生之事，痛改杀生之事。余尝闻人云：泉州近来放生之法会甚多，但杀生之家犹复不少。或有一人茹素，而家中男女等仍买鸡鸭鱼虾等之活物任意杀害也。愿诸君于此事多多注意。自己既不杀生，亦应劝一切人皆不杀生。况家中男女等，皆自己所亲爱之人，岂忍见其故造杀业，行将备受大苦，而不加以劝告阻止耶？诸君勉旃，愿悉听受余之忠言也。

（本文为弘一法师1933年6月7日讲于泉州开元寺）

弘一大師遺象

先師俗姓李名息字叔同
為中國西洋畫樂界鼻祖
中年入杭州大慈山為僧法名演音字弘一
晚年宏法閩南於晉江證道 戊子冬余巡禮其地 敬寫遺容以貽
聞義居士供養

弟子豐子愷 時客廈門

>> 弘一法师遗像

附　录

格言别录

弘一法师编订

学问类

○ 为善最乐，读书便佳。

○ 茅鹿门云："人生在世，多行救济事，则彼之感我，中怀倾倒，浸入肝脾。何幸而得人心如此哉！"

○ 诸君到此何为，岂徒学问文章，擅一艺微长，便算读书种子？在我所求亦恕，不过子臣弟友，尽五伦本分，共成名教中人。

○ 何谓至行？曰：庸行。何谓大人？曰：小心。

○ 凛闲居以体独，卜动念以知几，谨威仪以定命，敦大伦以凝道，备百行以考德，迁善改过以作圣。

○ 观天地生物气象，学圣贤克己工夫。

● 存养类

○ 自家有好处，要掩藏几分，这是涵育以养深。别人不好处，要掩藏几分，这是浑厚以养大。

○ 以虚养心，以德养身，以仁养天下万物，以道养天下万世。

○ 一动于欲，欲迷则昏。一任乎气，气偏则戾。

○ 刘直斋云："存心养性，须要耐烦耐苦，耐惊耐怕，方得纯熟。"

○ 寡欲故静，有主则虚。

○ 不为外物所动之谓静，不为外物所实之谓虚。

○ 宜静默，宜从容，宜谨严，宜俭约。

○ 敬守此心，则心定。敛抑其气，则气平。

○ 青天白日的节义，自暗室屋漏中培来。旋乾转坤的经纶，自临深履薄处得力。

○ 谦退是保身第一法，安详是处世第一法，涵容是待人第一法，恬淡是养心第一法。

○ 刘念台云："涵养，全得一缓字，凡言语、动作皆是。"

○ 应事接物，常觉得心中有从容闲暇时，才见涵养。

○ 刘念台云："易喜易怒，轻言轻动，只是一种浮气用事，此病根最不小。"

○ 吕新吾云："心平气和四字，非有涵养者不能做，工夫只在个定火。"

○ 陈榕门云："定火工夫，不外以理制欲。理胜，则气自平矣。"

○ 自处超然，处人蔼然。无事澄然，有事斩然。得意淡然，失意泰然。

○ 气忌盛，心忌满，才忌露。

○ 意粗性躁，一事无成。心平气和，千祥骈集。

○ 冲繁地，顽钝人，拂逆时，纷杂事，此中最好养火。若决烈愤激，不但无益，而事卒以偾，人卒以怨，我卒以无成，是谓至愚。耐得过时，便有无限受用处。

○ 人性褊急则气盛，气盛则心粗，心粗则神昏，乖舛谬戾，可胜言哉？

○ 以和气迎人，则乖灭。以正气接物，则妖氛消。以浩气临事，则疑畏释。以静气养身，则梦寐恬。

○ 轻当矫之以重，浮当矫之以实，褊当矫之以宽，躁急当矫之以和缓，刚暴当矫之以温柔，浅露当矫之以沉潜，谿刻当矫之以浑厚。

○ 尹和靖云：“莫大之祸，皆起于须臾之不能忍，不可不谨。”

○ 逆境顺境看襟度，临喜临怒看涵养。

持躬类

○ 聪明睿知，守之以愚。道德隆重，守之以谦。

○ 富贵，怨之府也。才能，身之灾也。声名，谤之媒也。欢乐，悲之渐也。

○ 只是常有惧心，退一步做，见益而思损，持满而思溢，则免于祸。

○ 人生最不幸处，是偶一失言，而祸不及；偶一失谋，而事成；偶一恣行，而获小利。后乃视为故常，而恬不为意。则莫大之患，由此生矣。

○ 学一分退让，讨一分便宜。增一分享用，减一分福泽。

○ 不自重者取辱，不自畏者招祸。

○ 盖世功劳，当不得一个矜字。弥天罪恶，当不得一个悔字。

○ 大着肚皮容物，立定脚根做人。

○ 事当快意处须转，言到快意时须住。

○ 殃咎之来，未有不始于快心者。故君子得意而忧，逢喜而惧。

○ 物忌全胜，事忌全美，人忌全盛。

○ 尽前行者地步窄，向后看者眼界宽。

○ 花繁柳密处拨得开，方见手段。风狂雨骤时立得定，才是脚跟。

○ 人当变故之来，只宜静守，不宜躁动。即使万无解救，而志正守确，虽事不可为，而心终可白。否则必致身败，而名亦不保，非所以处变之道。

○ 步步占先者，必有人以挤之。事事争胜者，必有人以挫之。

○ 安莫安于知足，危莫危于多言。

○ 行己恭，责躬厚，接众和，立心正，进道勇。择友以求益，改过以全身。

○ 度量如海涵春育，持身如玉洁冰清，襟抱如光风霁月，气概如乔岳泰山。

○ 心不妄念，身不妄动，口不妄言，君子所以存诚。内不欺己，外不欺人，上不欺天，君子所以慎独。

○ 心志要苦，意趣要乐，气度要宏，言动要谨。

○ 心术以光明笃实为第一，容貌以正大老成为第一，言语以简重真切为第一。平生无一事可瞒人，此是大快。

○ 书有未曾经我读，事无不可对人言。

○ 心思要缜密，不可琐屑。操守要严明，不可激烈。

○ 聪明者戒太察，刚强者戒太暴。

○ 以情恕人，以理律己。

○ 以恕己之心恕人，则全交。以责人之心责己，则寡过。

○ 唐荆川云：须要刻刻检点自家病痛，盖所恶于人许多病痛处，若真知反己，则色色有之也。

○ 以淡字交友，以聋字止谤，以刻字责己，以弱字御侮。

○ 居安虑危，处治思乱。

○ 事事难上难，举足常虞失坠。件件想一想，浑身都是过差。

○ 怒宜实力消融，过要细心检点。

○ 事不可做尽，言不可道尽。

○ 胡文定公云："人家最不要事事足意，常有事不足处方好。才事事足意，便有不好事出来，历试历验。邵康节诗云：'好花看到半开时。'最为亲切有味。"

○ 精细者，无苛察之心。光明者，无浅露之病。

○ 识不足则多虑，威不足则多怒，信不足则多言。

○ 足恭伪态，礼之贼也。苛察歧疑，智之贼也。

○ 缓字可以免悔，退字可以免祸。

>> 弘一法师化身处

敦品类

○ 敦诗书，尚气节，慎取与，谨威仪，此惜名也。竞标榜，邀权贵，务矫激，习模棱，此市名也。惜名者，静而休。市名者，躁而拙。辱身丧名，莫不由此。求名适所以坏名，名岂可市哉！

处事类

○ 处难处之事愈宜宽，处难处之人愈宜厚，处至急之事愈宜缓。

○ 必有容，德乃大。必有忍，事乃济。

○ 吕新吾云："做天下好事，既度德量力，又须审势择人。'专欲难成，众怒难犯'——此八字，不独妄动邪为者宜慎，虽以至公无私之心，行正大光明之事，亦须调剂人情，发明事理，俾大家信从，然后动有成，事可久。盖群情多暗于远识，小人不便于私己，群起而坏之，虽有良法，胡成胡久？"

○ 强不知以为知，此乃大愚。本无事而生事，是谓薄福。

○ 白香山诗云："我有一言君记取，世间自取苦人多。"

○ 无事时，戒一偷字。有事时，戒一乱字。

○ 刘念台云："学者遇事不能应，总是此心受病处。只有炼心法，更无炼事法。炼心之法，大要只是胸中无一事而已。无一事，乃能事事，此是主静工夫得力处。"

○ 处事大忌急躁，急躁则先自处不暇，何暇治事？

○ 论人当节取其长，曲谅其短。做事必先审其害，后计其利。

○ 无心者公，无我者明。

● 接物类

○ 严着此心以拒外诱，须如一团烈火，遇物即烧。宽着此心以待同群，须如一片春阳，无人不暖。

○ 凡一事而关人终身，纵确见实闻，不可着口。凡一语而伤我长厚，虽闲谈戏谑，慎勿形言。结怨仇，招祸害，伤阴骘，皆由于此。

○ 持己当从无过中求有过，非独进德，亦且免患。待人当于有过中求无过，非但存厚，亦且解怨。

○ 遇事只一味镇定从容，虽纷若乱丝，终当就绪。待人无半毫矫伪欺诈，纵狡如山鬼，亦自献诚。

○ 公生明，诚生明，从容生明。

○ 公生明者，不蔽于私也。诚生明者，不杂以伪也。从容生明者，不淆于惑也。

○ 穷天下之辩者，不在辩而在讷。伏天下之勇者，不在勇而在怯。

○ 何以息谤？曰：无辩。何以止怨？曰：不争。

○ 人之谤我也，与其能辩，不如能容。人之侮我也，与其能防，不如能化。

○ 张梦复云："受得小气，则不至于受大气。吃得小亏，则不至于吃大亏。"

○ 又云："凡事最不可想占便宜。便宜者，天下人之所共争也。我一人据之，则怨萃于我矣。我失便宜，则众怨消矣。故终身失便宜，乃终身得便宜也。此余数十年阅历有得之言，其遵守之，毋忽。余生平未尝多受小人之侮，只有一善策，能转弯早耳。"

○ 忍与让，足以消无穷之灾悔。古人有言："终身让路，不失尺寸。"

○ 以仁义存心，以忍让接物。

○ 林退斋临终，子孙环跪请训。曰：“无他言，尔等只要学吃亏。”

○ 任难任之事，要有力而无气。处难处之人，要有知而无言。

○ 穷寇不可追也，遁辞不可攻也。

○ 恩怕先益后损，威怕先松后紧。

○ 先益后损，则恩反为仇，前功尽弃。先松后紧，则管束不下，反招怨怒。

○ 善用威者不轻怒，善用恩者不妄施。

○ 宽厚者，毋使人有所恃。精明者，不使人无所容。

○ 轻信轻发，听言之大戒也。愈激愈厉，责善之大戒也。

○ 吕新吾云：“愧之则小人可使为君子，激之则君子可使为小人。”

○ 激之而不怒者，非有大量，必有深机。

○ 处事须留余地，责善切戒尽言。

○ 曲木恶绳，顽石恶攻。责善之言，不可不慎也。

○ 吕新吾云：“责善要看其人何如，又当尽长善救失之道。无指摘其所忌，无尽数其所失，无对人，无峭直，无长言，无累言。犯此六戒，虽忠告非善道矣。”

○ 又云：“论人须带三分浑厚。非直远祸，亦以留人掩盖之路，触人悔悟之机，养人体面之余，犹天地含蓄之气也。”

○ 使人敢怒而不敢言者，便是损阴骘处。

○ 凡劝人，不可遽指其过，必须先美其长，盖人喜则言易入，怒则言难入也。善化人者，心诚色温，气和辞婉；容其所不及，而谅其所不能；恕其所不知，而体其所不欲；随事讲说，随时开导。彼乐接引之诚，而喜于所好；感督责之宽，而愧其不材。人非木石，未有不长进者。我若疾恶如仇，彼亦趋死如骛，虽欲自新而不可得，哀哉！

○ 先哲云：“觉人之诈，不形于言；受人之侮，不动于色。此中有无穷意味，亦有无限受用。”

○ 喜闻人过，不如喜闻己过。乐道己善，何如乐道人善。

○ 论人之非，当原其心，不可徒泥其迹。取人之善，当据其迹，不必深究其心。

○ 吕新吾云：“论人情，只向薄处求；说人心，只从恶边想。此是私而刻的念头，非长厚之道也。”

○ 修己以清心为要，涉世以慎言为先。

○ 恶莫大于纵己之欲，祸莫大于言人之非。

○ 施之君子，则丧吾德。施之小人，则杀吾身。（案此指言人之非者）

○ 人褊急，我受之以宽宏。人险仄，我待之以坦荡。

○ 持身不可太皎洁，一切污辱垢秽要茹纳得。处世不可太分明，一切贤愚好丑要包容得。

○ 精明须藏在浑厚里作用。古人得祸，精明人十居其九，未有浑厚而得祸者。

○ 德盛者，其心和平，见人皆可取，故口中所许可者多。德薄者，其心刻傲，见人皆可憎，故目中所鄙弃者众。

○ 吕新吾云："世人喜言无好人，此孟浪语也。推原其病，皆从不忠不恕所致，自家便是个不好人，更何暇责备他人乎？"

○ 律己宜带秋气，处世须带春风。

○ 盛喜中勿许人物，盛怒中勿答人书。

○ 喜时之言多失信，怒时之言多失体。

○ 静坐常思己过，闲谈莫论人非。

○ 面谀之词，有识者未必悦心。背后之议，受憾者常若刻骨。

○ 攻人之恶毋太严，要思其堪受。教人以善毋过高，当使其可从。

○ 事有急之不白者，缓之或自明，毋急躁以速其戾。人有操之不从者，纵之或自化，毋苛刻以益其顽。

○ 己性不可任，当用逆法制之，其道在一忍字。人性不可拂，当用顺法调之，其道在一恕字。

○ 临事须替别人想，论人先将自己想。

○ 欲论人者先自论，欲知人者先自知。

○ 凡为外所胜者，皆内不足。凡为邪所夺者，皆正不足。

○ 今人见人敬慢，辄生喜愠心，皆外重者也。此迷不破，胸中冰炭一生。

○ 小人乐闻君子之过，君子耻闻小人之恶。此存心厚薄之分，故人品因之而别。

○ 惠不在大，在乎当厄。怨不在多，在乎伤心。

○ 毋以小嫌疏至戚，毋以新怨忘旧恩。

○ 刘直斋云：“好合不如好散，此言极有理。盖合

者，始也；散者，终也。至于好散，则善其终矣。凡处一事，交一人，无不皆然。”

惠吉类

○ 群居守口，独坐防心。

○ 造物所忌，曰刻曰巧。万类相感，以诚以忠。

○ 谦卦六爻皆吉，恕字终身可行。

○ 知足常足，终身不辱。知止常止，终身不耻。

○ 明镜止水以澄心，泰山乔岳以立身，青天白日以应事，霁月光风以待人。

悖凶类

○ 盛者衰之始，福者祸之基。（“谈玄说妙、修证次第，自以佛书最为详尽。而我等初学之人，持躬敦品、处世接物等法，虽佛书中亦有说者，但儒书所说，尤为明白详尽，适于初学。故今多引之，以为吾等学佛法者之一助焉。”）

（摘自弘一法师《改过实验谈》）

>> 山水　八大山人

李叔同诗集

送别

长亭外，古道边，
芳草碧连天。
晚风拂柳笛声残，
夕阳山外山。

天之涯，地之角，
知交半零落。

一杯浊酒尽余欢，
今宵别梦寒。

悲秋

西风乍起黄叶飘，
日夕疏林杪。
花事匆匆，梦影迢迢，
零落凭谁吊。

镜里朱颜，愁边白发，
光阴催人老，
纵有千金，纵有千金，
千金难买年少。

月

仰碧空明明，朗月悬太清；
瞰下界扰扰，尘欲迷中道；
惟愿灵光普万方，
荡涤垢滓扬芬芳，
虚缈无极，圣洁神秘，
灵光常仰望！
惟愿灵光普万方，
荡涤垢滓扬芬芳，
虚缈无极，圣洁神秘，灵光常仰望！

早秋

十里明湖一叶舟，
城南烟月水西楼，
几许秋容娇欲流，
隔着垂杨柳。
远山明净眉尖瘦，
闲云飘忽罗纹绉，
天末凉风送早秋，
秋花点点头。

月夜

纤云四卷银河净，梧叶萧疏摇月影；

剪径凉风阵阵紧，暮鸦栖止未定。

万里空明人意静。

呀！是何处，敲彻玉磬，一声声，清越度幽岭。

呀！是何处，声相酬应，是孤雁寒砧并。

想此时此际，幽人应独醒，倚栏风冷。

春游

春风吹面薄于纱，
春人妆束淡于画，
游春人在画中行，
万花飞舞春人下。
梨花淡白菜花黄，
柳花委地芥花香，
莺啼陌上人归去，
花外疏钟送夕阳。

清凉歌

清凉月，

月到天心，光明殊皎洁。

今唱清凉歌，心地光明一笑呵！

清凉风，

凉风解愠，暑气已无踪。

今唱清凉歌，热恼消除万物和！

清凉水，

清水一渠，涤荡诸污秽。

今唱清凉歌，身心无垢乐如何？

清凉，清凉，无上，究竟，真常！

清凉月月到天心光明殊皎洁今唱清凉歌心地光明一笑呵清凉风凉风解愠暑气已无踪今唱清凉歌热恼消除万物和清凉水清水一渠涤荡诸污秽今唱清凉歌身心无垢乐如何清凉清凉无上究竟真常

落花

纷，纷，纷，纷，纷，纷……
惟落花委地无言兮，化作泥尘；
寂，寂，寂，寂，寂，寂……
何春光长逝不归兮，永绝消息。
忆春风之日暝，芬菲菲以争妍；
既乘荣以发秀，倏节易而时迁。
春残！览落红之辞枝兮，伤花事其阑珊。
已矣！春秋其代序以递嬗兮，俯念迟暮。

荣枯不须臾，盛衰有常数；
人生之浮华若朝露兮，泉壤兴衰；
朱华易消歇，青春不再来。

>> 弘一法师之塔落成典礼